特別な日から
日ごろのお付き合いまで

一生使える！

大人のマナー大全

〔監修〕岩下宣子

PHP

／マナーの常識Q&A／

そのマナー、勘違いかもしれません

あなたが丁寧だと思っている行動は、じつはマナー違反かもしれません。確認してみましょう。

Q1

玄関で靴を脱ぐときは、後ろを向いて
脱いで靴をそろえる？

正解は
203ページ

Q2

ワインを注いでもらうときは、
グラスを持ち上げると
丁寧な印象になってよい？

正解は
197ページ

Q3

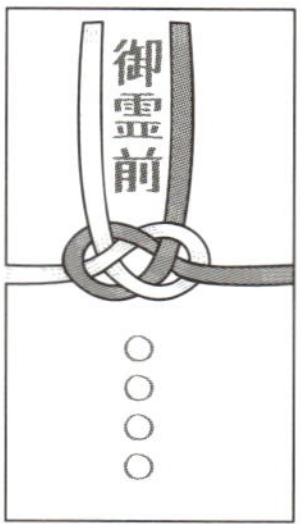

知人の訃報が届いた。
通夜の前の
弔問時に香典を
持参したほうがいい？

正解は
132
ページ

Q4

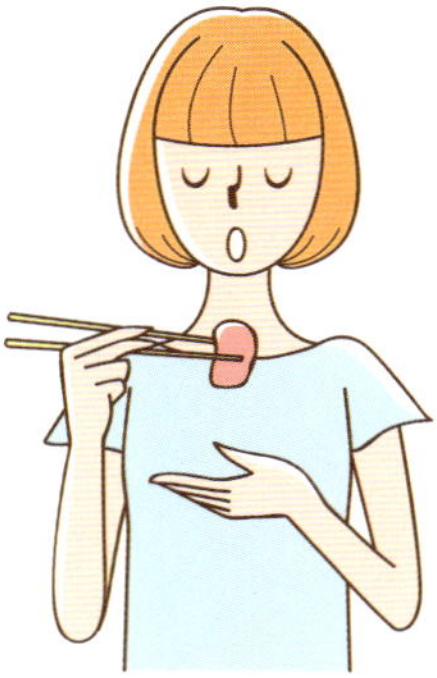

食べ物を
口に運ぶときは、
手皿をすると
上品に見える？

正解は
187
ページ

Q5

結婚式に
参列できない理由は、
具体的に説明したほうが
相手も納得してくれる？

正解は
78
ページ

特別な日から日ごろのお付き合いまで
一生使える！　大人のマナー大全

もくじ

マナーの常識Q&A
そのマナー、勘違いかもしれません……2

PART 1 日常の贈り物とマナー

◆贈り物を持参する……10
贈り物の選び方／和室と洋室での渡し方

◆贈り物を発送する……12
品物や目的によって送り方を選ぶ

◆贈り物の包み方……14
のしの決まりとのし紙のかけ方／慶事の場合の斜め包みの包み方

◆ふくさ・ふろしきの包み方……16
慶弔で異なるふくさの包み方／平包みの手順

◆病気見舞い・快気内祝い……18
お見舞いのタブー／のし袋の種類とお見舞い金／お見舞い・快気内祝いの品物

◆災害見舞い・陣中見舞い……20
災害見舞い・陣中見舞いの表書きと品物

◆引っ越しの挨拶の仕方……22
旧居と転居先での挨拶の言葉／転居先の挨拶の範囲／のし紙と品物

「お見舞い」こんなとき、どうする
「服装に決まりはありますか？」……24

PART 2 年中行事のしきたり

◆お正月のしきたり……26
お正月飾りと人日／お年玉の相場とマナー／お年賀の相場とマナー

◆節分・豆まき……28
正しい豆のまき方と節分の伝統

◆バレンタインデー・ホワイトデー……30
バレンタインデー・ホワイトデーの相場／バレンタインデー・ホワイトデーのマナー

◆ひな祭り・端午の節句……32
ひな人形の飾り方／端午の節句の飾り

◆母の日・父の日・敬老の日……34
贈り物以外で気持ちを伝える場合／母の日・父の日の感謝の気持ちの伝え方

◆お中元・お歳暮……36
お中元・お歳暮の相場と贈る品

◆お盆・お彼岸……38
お盆の準備としきたり／お彼岸のお墓参りの作法

◆ハロウィーン・クリスマス……40
クリスマスの準備と子どもへの贈り物の相場

◆冬至・大晦日……42
冬至のならわし／大晦日のならわし／年賀状の言葉遣い

「贈り物」こんなとき、どうする
「お中元やお歳暮をやめたいです」……44

PART 3 人生のお祝い

◆帯祝い・出産祝い……46
帯祝い／腹帯の結び方／出産祝いのご祝儀／よろこばれる贈り物

◆お七夜……48
お七夜のお祝いの仕方／お七夜のご祝儀

◆お宮参り……50
お宮参りの基礎知識／お宮参りの服装

◆お食い初《ぞ》め……52
祝い膳の整え方と豆知識

◆初誕生日祝い……54
初誕生日祝いのさまざまな風習／初誕生日祝いのご祝儀／初誕生日祝いの贈り物

◆初節句……56
初節句のおもてなし料理

◆七五三のお祝い……58
七五三の準備とお参り／七五三の衣装／七五三のご祝儀

◆入園・入学・進学祝い……60
入園・入学・進学祝いのご祝儀／よろこばれる贈り物

◆成人・卒業・就職祝い……62
成人・卒業・就職のお祝い豆知識／成人祝い・就職（卒業）祝いのご祝儀／卒業式と入学式の服装はここが違う

◆結婚記念日……64
おもな結婚記念日と贈り物の例

◆昇進・栄転・定年退職祝い……66
送別会と定年退職祝い／お祝いの相場と贈り物

◆開店・開業祝い、個展・発表会のお祝い……68
開店・開業のお祝いのマナー／個展・発表会のお祝いのマナー

◆長寿のお祝い……70
それぞれの色にちなんだ贈り物／長寿の名称と由来

◆新築・増築・引っ越しのお祝い……72
新築祝いの贈り物

◆お餞別《せんべつ》……74
状況に合わせてのし袋を選ぶ／お餞別の相場と品物／お礼の挨拶文の例（転居）

「お祝い」こんなとき、どうする
「お祝いのお返しはいらないといわれたのですが……」……76

PART 4 結婚のお祝い

◆【招待される側】招待状の返信……78
返信ハガキに添える文例／返信ハガキの正しい書き方

◆【招待される側】祝電・ご祝儀……80
おもな忌み言葉／ご祝儀の相場

◆【招待される側】結婚祝いの贈り物の選び方……82
結婚祝いの品物のマナー

◆【招待される側】男性招待客の装い……84
男性招待客の準礼装

◆【招待される側】女性招待客の装い……86
アクセサリーや小物の選び方／和装と洋装の装いのポイント

◆【招待される側】受付・控室でのふるまい……88
控室でのマナー

◆【招待される側】結婚式・披露宴でのふるまい……90
結婚式でのマナー／披露宴でのスマートなふるまい

◆【招待される側】披露宴が終わったら……92
披露宴のあとのふるまい

◆【招待される側】披露宴を手伝う……94
受付の仕事の流れ／司会・撮影係・仲人の仕事

◆【招待される側】スピーチ・余興を頼まれたら……96
余興の具体例

◆【招待される側】スピーチの例文……98
忌み言葉の基準／スピーチ文例

◆【招待される側】二次会を開く、参加する……100
二次会の幹事の仕事／二次会の服装

◆【招待される側】子連れで出席する場合……102
ぐずり対策グッズ／子どものフォーマルな服装

【招待される側】
入籍のみ、海外挙式の場合……104
結婚式を挙げない場合のご祝儀／国ごとのドレスコード

【招待される側】
おめでた婚の場合……106
おめでた婚のお祝いのタイミング／よろこばれる品物／贈ってはいけない品物

【招待する側】
婚約のスタイル……108
いろいろな婚約のスタイル

【招待する側】
結納の準備と結納当日……110
結納の服装と相場／略式結納の段取り（関東式）

【招待する側】
両家顔合わせ食事会……112
食事会の服装と段取り

【招待する側】
結婚式に招待をする……114
招待状の準備／招待状の文例と宛名の書き方

【招待する側】
引き出物・謝礼を用意する……116
人気の引き出物と相場／謝礼や心づけの目安

【招待する側】
媒酌人の依頼……118
仲人・媒酌人を依頼する場合のマナー／仲人・媒酌人と結婚式・披露宴の打ち合わせ／媒酌人の服装

【招待する側】
席次を決め、席次表をつくる……120
テーブル別の席次の例

【招待する側】
結婚式までのタイムテーブル……122
日取り・式場選びのポイント／タイムテーブルの例

【招待する側】
二次会の準備……124
二次会の準備／二次会の進行例

【招待する側】
披露宴後のマナー……126
新婚旅行から帰ったら／お礼の挨拶の装い／主賓への手紙／お土産と相場

「結婚式」こんなとき、どうする
「お車代を出すかどうか、出席してもらう人にあらかじめ伝える？」……128

PART 5 弔問・法要・お墓参り

【参列する側】
訃報を受けたとき……130
訃報を受けたときの配慮／弔問の装い

【参列する側】
弔問の作法……132
弔問のタブー／故人との対面の作法

【参列する側】
供物《くもつ》・供花《きょうか》・香典の用意……134
供物・供花の手配とマナー／宗教別の不祝儀袋と表書き／香典の相場／宗教別・供物の種類／供物・供花の相場（仏式）

【参列する側】
お悔やみの言葉と弔電……138
弔電の送り方と文例／お悔やみの言葉／忌み言葉

【参列する側】
弔辞を依頼されたとき……140
弔辞のポイント／弔辞の基本知識とマナー

【参列する側】
通夜の装い……142
小物・持ち物のマナー／通夜の装い

【参列する側】
葬儀式の装い……144
葬儀式の装い

【参列する側】
通夜に参列する（仏式）……146
通夜のマナー／通夜の進行例

【参列する側】
授乳中・子連れの場合……148
赤ちゃん、幼児、ママの服装

【参列する側】
焼香の作法と数珠の使い方（仏式）……150
宗派によって異なる焼香の回数／立礼焼香／座礼焼香／回し焼香／線香焼香／数珠の扱い方

【参列する側】
葬儀・告別式に参列する（仏式）……154
葬儀・告別式の席次例／葬儀・告別式の進行例

◆【参列する側】出棺・火葬に立ち会う……156
出棺から還骨法要までの流れの例／お浄めの塩の使い方

◆【参列する側】神式の葬儀式の作法……158
通夜祭・葬場祭・遷霊祭の進行例／手水で浄める／玉串奉奠の正しい作法

◆【参列する側】キリスト教式の葬儀式の作法……160
献花の捧げ方の作法

◆【参列する側】葬儀式を手伝う……162
葬儀式の手伝いの装い／葬儀式のさまざまな手伝い

◆【参列する側】法要に出席する……164
仏式法要の不祝儀袋／宗教別の法要

◆【参列する側】お悔やみ状を送る……166
お悔やみ状のマナーとタブー／お悔やみ状の文例

◆【参列する側】密葬・家族葬の場合……168
家族葬のタブー

◆【喪家側】身内に不幸が起こったら……170
準備するもの／臨終から通夜までの流れ

◆【喪家側】通夜・葬儀式の準備……172
宗教者や関係者へのお礼

◆【喪家側】法要の準備……174
法要のマナー／法要の準備／料理

◆【喪家側】納骨する……176
散骨の方法

◆【喪家側】仏壇の拝み方と掃除の仕方……178
仏壇の飾り方の例／仏壇の拝み方／仏壇の特別な掃除

「喪中」こんなとき、どうする
「喪中に結婚式は出席できない？」……180

PART 6 食事

◆洋食の基本マナー……182
ナプキンの正しい使い方／基本的なフルコースのセッティング／スープ・パン・ライスの食べ方

◆レストランでのふるまい……184
お店にまかせること、頼んでいいこと／ワインの飲み方

◆日本料理のマナー……186
手に持ってよい器・持たない器／器や箸の正しい扱い方／このふるまいはマナー違反！

◆会席料理の食べ方……188
会席料理の食べ方／焼き魚の食べ方／刺身の食べ方／茶碗蒸しの食べ方

◆中国料理の食べ方とマナー……190
円卓でやってはいけないこと／円卓の席次／中国料理の食べ方

◆立食パーティーのマナー……192
ビュッフェでのマナー

◆子どもを連れて行くとき……194
連れて行くときの注意点／お店でのマナー／個室がない場合の対策

◆お酒の席でのマナー……196
お酒の席でのふるまい

◆お茶会の作法……198
和菓子の食べ方／抹茶の飲み方

「食事中」こんなとき、どうする
「トイレに行くタイミングがわかりません」……200

PART 7 訪問・もてなし・おでかけ

◆【訪問】訪問準備と玄関でのマナー……202
コートのたたみ方／玄関先でのマナー／靴・コートの扱い方

◆【訪問】お茶の飲み方・お菓子の食べ方……204
紅茶の飲み方／ケーキの食べ方

◆【訪問】洋室でのふるまい……206
洋室の上座・下座／洋室でのマナー

◆【訪問】和室でのふるまい……208
和室の上座・下座／おじぎの作法／ふすまの開け閉め

◆【訪問】おいとまの作法……210
長居しないためのマナー／おいとまの作法

◆【訪問】子どもを連れて行くとき……212
子連れで訪問するときのマナー

◆【訪問】誕生会・お泊り会に招待されたら……214
誕生会に招待されたときのマナー／誕生会当日のふるまい／お泊り会のポイント

◆【もてなし】お客様を迎える準備……216
お客様の出迎え方／気配り上手なおもてなし

◆【もてなし】部屋への案内と見送り……218
部屋への案内の作法／お客様の見送り方

◆【もてなし】お茶・お菓子でもてなす……220
茶菓子の出し方

◆【もてなし】食事でもてなす……222
和食膳でもてなす場合／ホームパーティーのポイント

◆【もてなし】誕生会・お泊り会を開く……224
誕生会の準備リスト／小学校低学年以下のお泊り会の確認事項

◆【おでかけ】子どもとのおでかけ（乗り物）……226
電車やバスでのマナー／電車やバスでの迷惑な行為

◆【おでかけ】ベビーカーとキャリーバッグの扱い方……228
ベビーカーのマナー

◆【おでかけ】鑑賞・劇場でのマナー……230
映画館のマナー／コンサート、演劇、美術鑑賞のマナー

◆【おでかけ】旅館やホテルでのマナー……232
旅館・ホテルでのふるまい

◆【おでかけ】PTAのおつきあい・書類の作成……234
PTA活動でのタブー／PTA活動でのふるまい

「訪問先」こんなとき、どうする
「子どもがよそのお宅の部屋を汚してしまいました」……236

PART 8 手紙・ネット・電話

◆便箋・封筒の使い方……238
便箋の種類と用途／封筒の大きさ／便箋の折り方と封筒への入れ方

◆手紙の表現……240
頭語・結語のおもな組み合わせ／時候の挨拶

◆送り状、お祝いの手紙の書き方……242
送り状の文例とポイント／お祝いの手紙の文例とポイント／忌み言葉

◆お礼の手紙……244
お礼の手紙の文例とポイント

◆お詫び、お見舞いの手紙の書き方……246
お詫びの手紙の文例とポイント／お見舞いの手紙の文例とポイント

◆時候見舞い、年賀の欠礼……248
時候見舞いの季節の挨拶例／年賀の欠礼の文例

◆災害時の連絡マナー……250
災害用伝言ダイヤルの使い方／災害時の連絡の心得

◆メールのマナー……252
メールの文例／CCとBCCの使い分け

◆SNSを楽しむためのマナー……254
相手のことを考えたSNSの使い方／SNSでトラブルになるケース

PART

1

日常の贈り物とマナー

贈り物を持参する

玄関口で渡すのはマナー違反。部屋に入って、挨拶したあとで、紙袋から出して渡しましょう。

部屋に通されてから両手を添えて差し出す

玄関口に相手が現われた途端に、紙袋ごと贈り物を渡すのは失礼にあたります。部屋に通されて正式な挨拶をしたあとに渡しましょう。

品物は紙袋から取り出し、のしの正面を相手のほうに向けて、両手を添えて差し出します。「ほんの気持ちですが」または「気持ちばかりですが」などの言葉を添えましょう。

◆ 贈り物の選び方 ◆

家族構成や年齢を考慮して選びます。6人家族なのに5個入りのお菓子を贈る、年配の方がいる家庭に固いお菓子を贈るなどは避けましょう。

お菓子などの数は奇数吉、偶数凶というように、慶事は奇数、逆に、弔事は偶数にします。仏事などでお供えするためにお皿に盛るときは偶数になるようにしましょう。

先方の自宅の近くで贈り物を選ぶのは避けましょう。

【選んではいけない品物】

品物	理由
日本茶	香典返しによく使われるため ※新茶などはOK
くし	「苦」「死」のごろ合わせから
ハンカチ	昔は「手巾（てきれ）」と書いたため
刃物	縁を切るの意味から
ライター、灰皿	火災を連想するため、新築祝いにはNG
靴下、下着、カバン	目上の人に対してはNG

◆ 和室と洋室での渡し方 ◆

【 和室の場合 】

❶ 正座をして挨拶（座礼）をします。

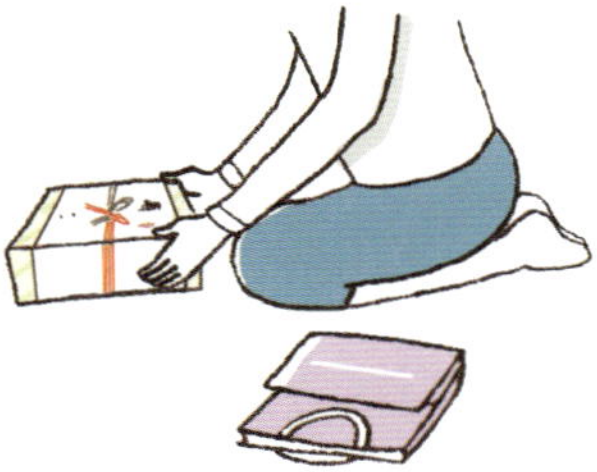

❷ 品物は紙袋から出します。まずは自分に正面を向けて、それからひざ前で相手のほうに正面を向けます。

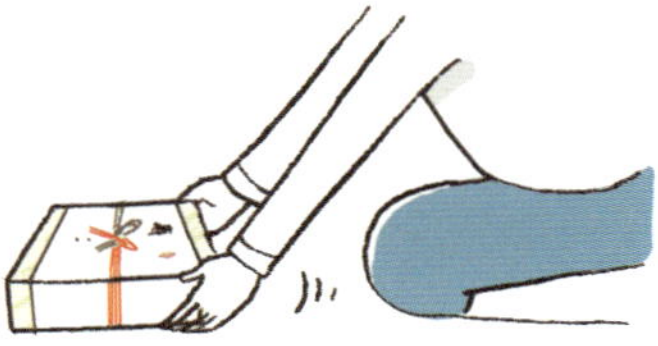

❸ 端を両手で持ち、畳の上をすべらせるようにして渡します。

【 洋室の場合 】

❶ 立ったまま挨拶（立礼）をします。

❷ 品物を紙袋から出し、相手に正面を向けて両手で渡します。

まとめ

1. 和室では座礼で、洋室では立礼で贈り物を渡す
2. 紙袋から出し、のしの正面を相手のほうに向けて両手で渡す
3. 「ほんの気持ちですが」や「気持ちばかりですが」と言葉を添える

贈り物を発送する

事前に送り状を郵送しておきましょう。受け取れない、食品が腐るなどのトラブルが避けられます。

厳重に梱包し、荷物を送ったことを先方に知らせる

贈り物を郵送や宅配便で送るときは、送り状を先に送り、何の目的でいつごろ届くのかを知らせるのがマナーです。親しい間柄の場合は、贈り物と同時に送り状をつけて送付してもよいでしょう。

お祝いは、知らせが届いたらすぐに送りましょう。弔事の供物などは、すぐに送ると先方に準備していたように思われるので数日あけてから送りましょう。

自分で宅配便を利用して送るときは、しっかりと梱包しましょう。陶器やクッキーなどを送る場合は、緩衝材などを使って破損しないようにします。チョコレートなど高温で変質するものは冷蔵便で送るなどの配慮が必要です。

自分で送るときだけでなく、店やネット通販で配送するときも、相手が受け取りやすい日時を指定する気配りを忘れないようにしましょう。

宅配便では贈り物と一緒に手紙（信書）は送れません。ただし、簡単な通信文（一筆箋やギフトカード）は信書とみなされず、封をしなければ一緒に送ることができます。

◆ 品物や目的によって送り方を選ぶ ◆

ネット通販やカタログ通販で送る場合、値札を外し、贈答用にラッピングをして相手方に送ってくれるところもあります。
通販は産直の食品なども気軽に送れて便利ですが、贈答用の包装ができなかったり、商品によって配送日数や配送料が異なったりするので要注意。

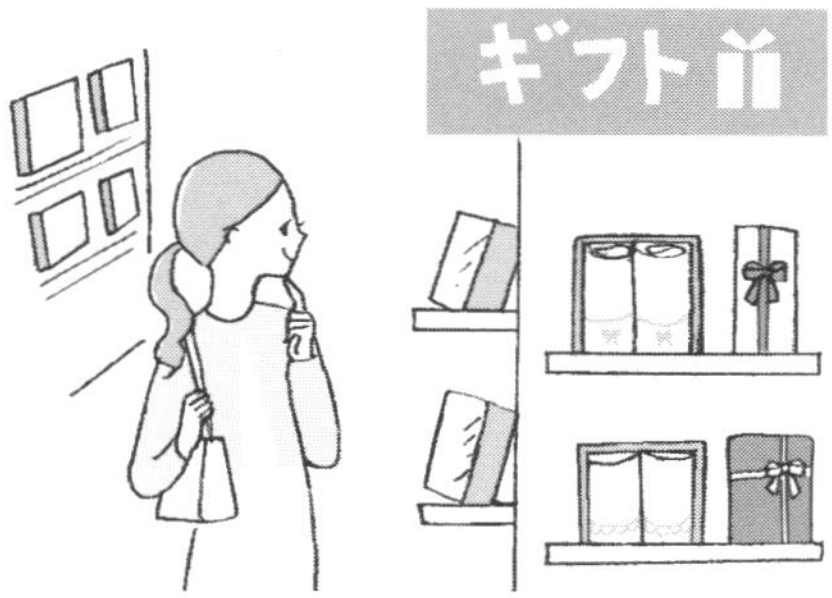

百貨店などから送ると包装や梱包が丁寧なので、格式を重んじる相手に贈るときにぴったり。日時指定の有無によって配送料が異なることがあります。

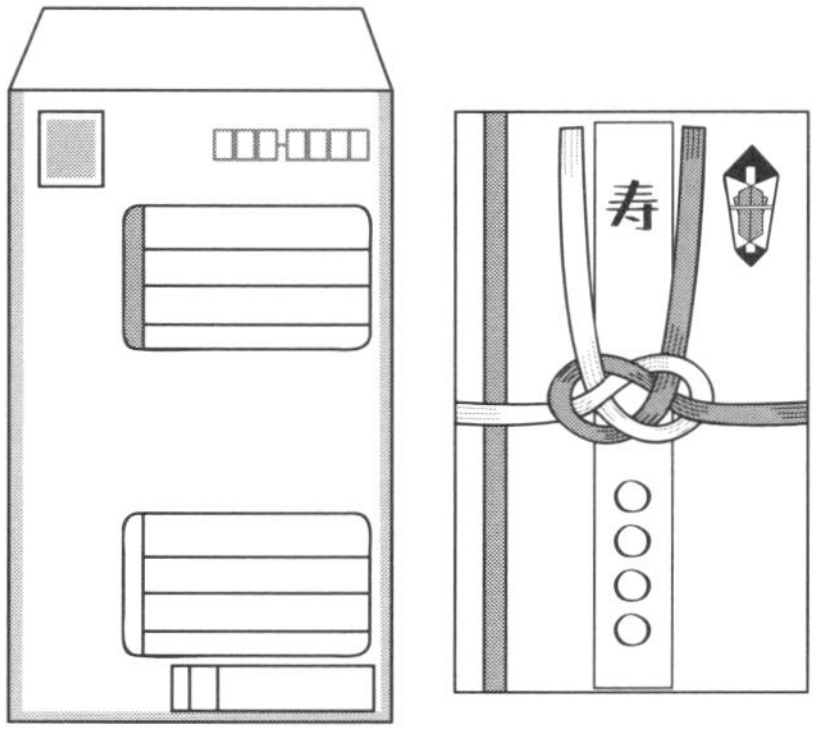

お祝いやお香典を現金で送るときは、かならず現金書留を使いましょう。現金はのし袋に包み、現金書留用封筒に入れて、手紙を添えます。郵送や宅配便では送れません。

まとめ

1. 送り状で贈り物の到着日時などを事前に先方に知らせておく
2. お祝いは早く送り、弔事はすぐに送らないように配慮する
3. 壊れたり、変質したりしないように送り方に注意する

贈り物の包み方

用途によって包装紙の色や柄、のし紙のかけ方を選びましょう。慶事と弔事で包み方が逆になります。

包装紙は目的や相手で選び包み方を慶弔で変える

包み方にこだわると、気持ちがより伝わります。包装紙は、お祝いには暖色を、弔事には寒色を選びます。子どもに贈る際は、かわいい柄の包装紙を選ぶとよいでしょう。

慶弔《けいちょう》で、のし紙のかけ方が逆になります。また、内のしは内祝いや宅配便で送るときに、外のしは相手の慶事や手渡しする際に適しています。

◆ のしの決まりとのし紙のかけ方 ◆

【外のし】

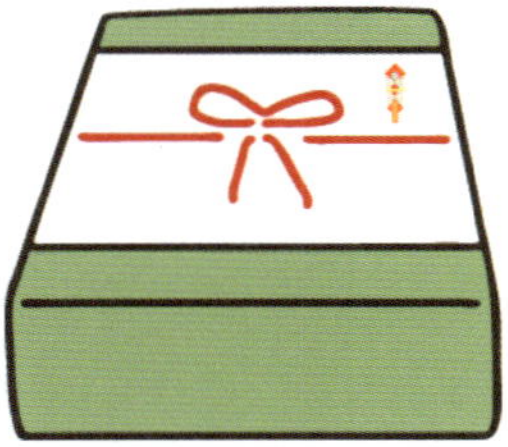

どのような目的の贈り物なのかがひと目でわかるため、出産のお祝いなどに向いているとされています。

【内のし】

おもに内祝いの際に用いられます。宅配便で送る際は、配達途中にのし紙が破れることのないよう、内のしにするとよいでしょう。

慶事

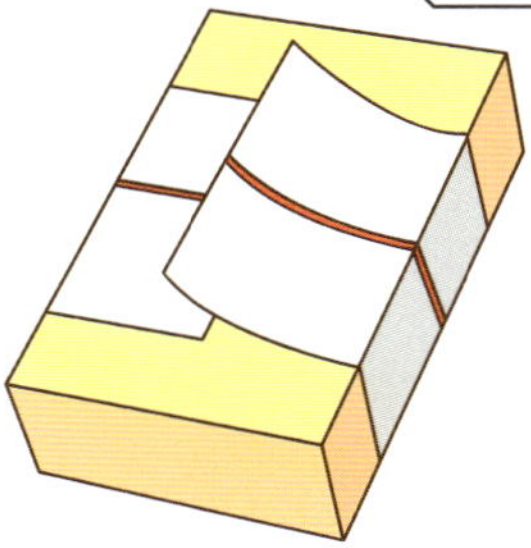

裏面の右側が上になるようにします。

弔事

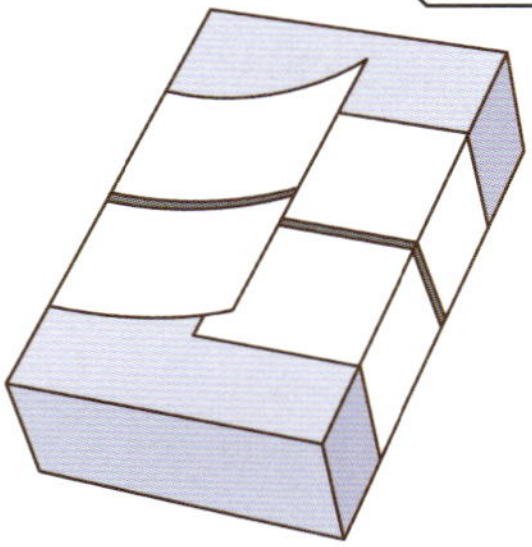

裏面の左側が上になるようにします。

慶事の場合の斜め包みの包み方

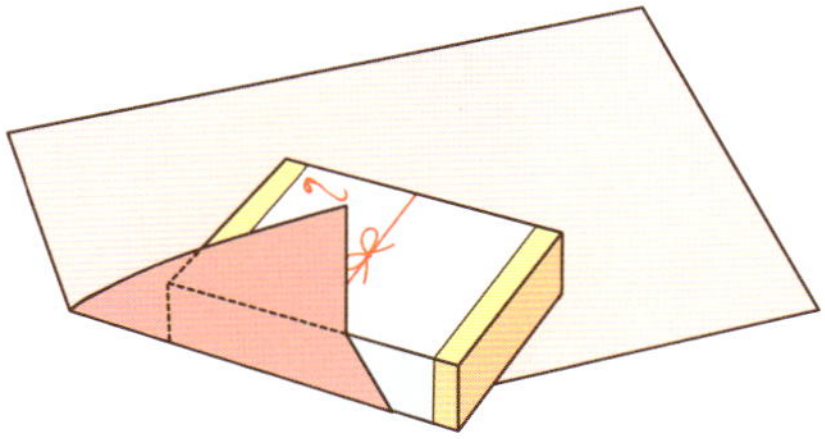

❶ 紙の手前の角を、箱の左奥に向かって折ります。

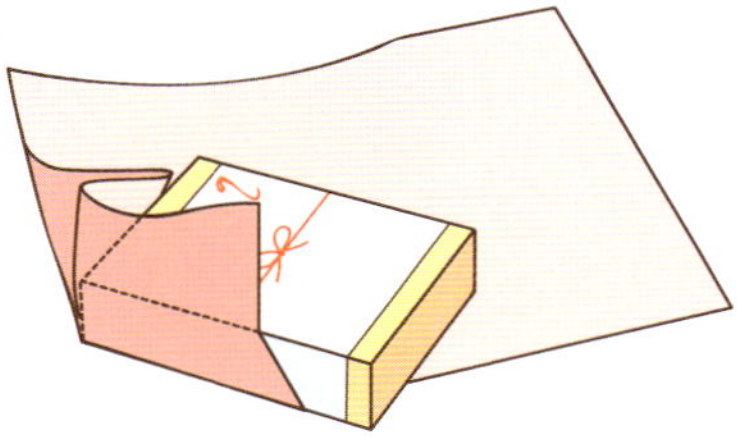

❷ 左側の紙を、箱の左手前の縦の辺に合わせて折り上げます。

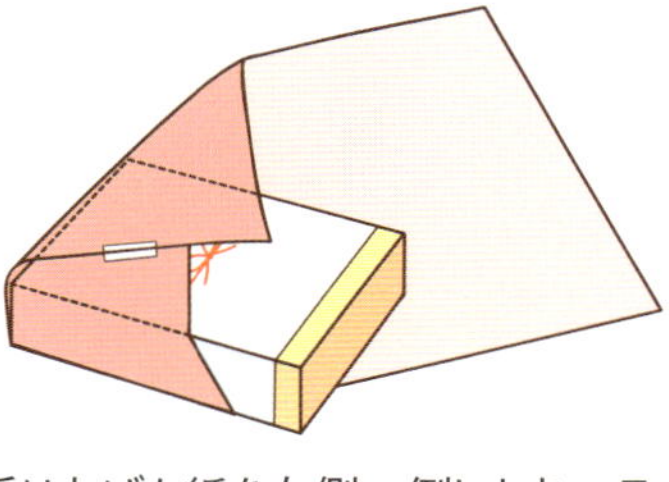

❸ 折り上げた紙を右側へ倒します。テープでとめておくとよいでしょう。

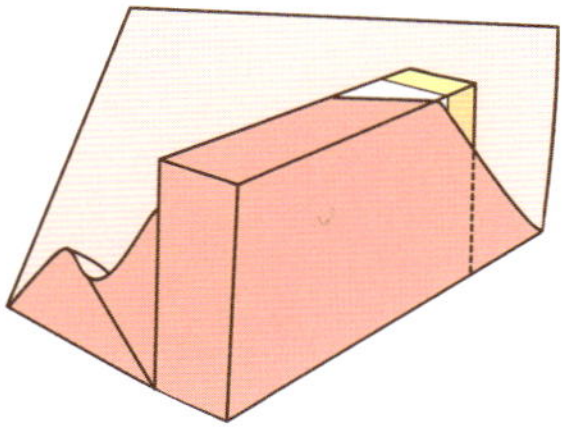

❹ 箱の手前を持ち上げ、奥へと倒しながら左奥の紙をたたむように折ります。折り端は箱の左端にそろえます。

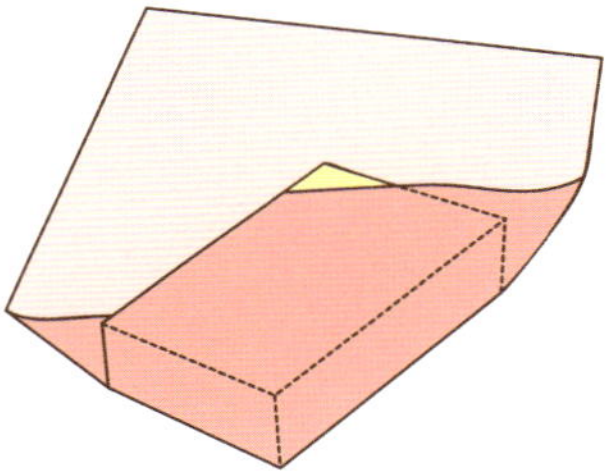

❺ 右側の紙を、箱の右手前の辺に合わせて折り上げ、左側へ倒します。

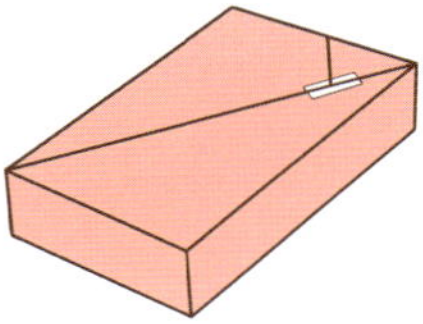

❻ 奥の紙を折り上げ、手前に倒します。箱の対角線を目安に、紙の端を内側に折り、テープでとめます。

まとめ

1. 慶事には暖色、弔事には寒色の包装紙を選ぶ
2. 子どもへの贈り物は、かわいい絵柄の入った包装紙にする
3. 内のしは内祝いや宅配便に、外のしは手渡しに適している

ふくさ・ふろしきの包み方

ふくさは慶弔で包み方が異なります。金封を取り出したら、ふくさの上にのせて渡しましょう。

ふくさの包み方は慶弔で逆になるので、失礼にならないように気をつけましょう。

相手に渡すときには、ふくさから金封を取り出し、ふくさの上にのせます。相手が名前を読めるように表面を相手のほうに向けて、両手を添えて渡しましょう。

ふろしきには、普段使いの「お使い包み」と格式の高い「平包み」があります。

平包みは結び目のない包み方なので、取り出すときもスマートな立ち居ふるまいができます。

慶弔のかしこまった用件での贈答品は、平包みで持参しましょう。

金封や贈答品を直に持参するのはマナー違反

金封（のし袋）や贈答品をバッグやポケットにそのまま入れて持参するのは失礼にあたります。金封はふくさ、贈答品はふろしきに包んで持っていくようにしましょう。

ふくさやふろしきの色は、慶事には赤やピンクなどの暖色系、弔事には黒やグレー、青などの寒色系を選びます。紫色や藤色は慶弔どちらにも使えます。

◆ 慶弔で異なるふくさの包み方 ◆

【慶事】

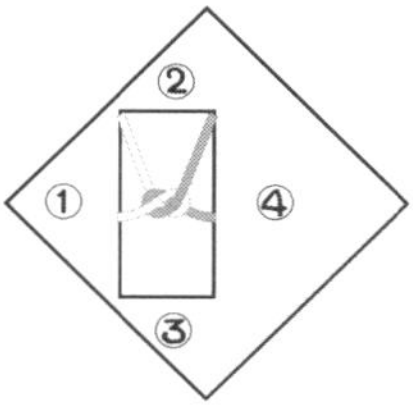

❶ 中央よりやや左側寄りに祝儀袋を置きます。

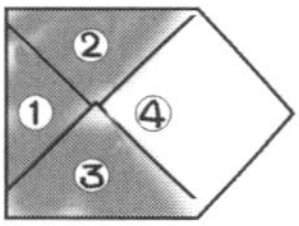

❷ 左側を中に折ってから、上、下の順番に折ります。

❸ 右側をかぶせるように巻きます。

【弔事】

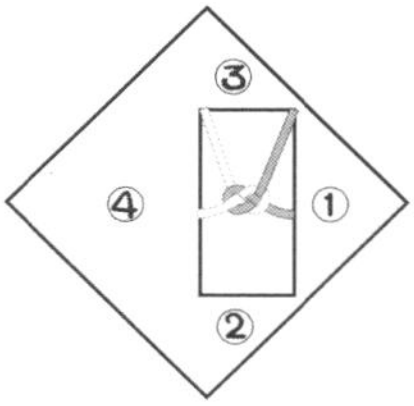

❶ 中央よりやや右側寄りに不祝儀袋を置きます。

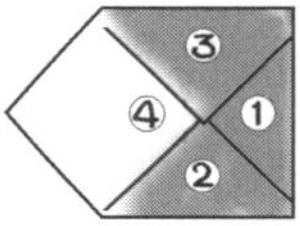

❷ 右側を中に折ってから、下、上の順番に折ります。

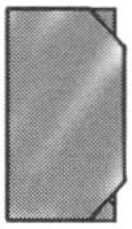

❸ 左側をかぶせるように巻きます。

◆ 平包みの手順 ◆

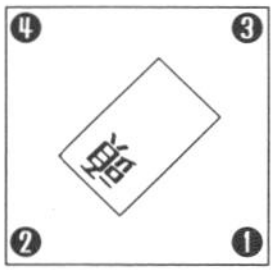

→

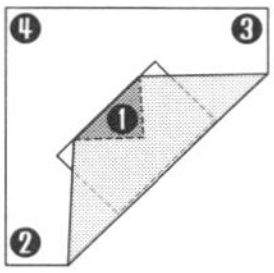

→

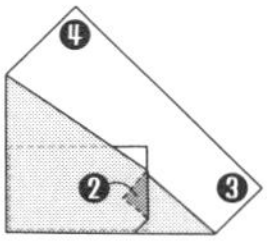

→

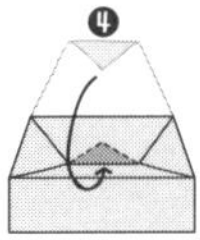

❶ ふろしきの中央に品物を置きます。左手前の端(❷)に向けて品物の頭がくるようにします。

❷ 右手前端(❶)を内側に折り、余った部分を外側に折り返します。

❸ 品物を横向きにして、❷❸も❶と同様に折ります。

❹ 最後に、奥の角をすき間に入れこみます。

まとめ

1 慶事は赤やピンク、弔事は黒やグレー、青のふくさで包む
2 ふくさは慶弔で包み方が逆になる
3 かしこまった用件ではふろしきを格式の高い平包みに

病気見舞い・快気内祝い

お見舞い相手やその家族の了承を得てからお見舞いに行きましょう。快気内祝いは、全快してから消耗品を。

日時は事前に知らせて滞在は短時間ですませる

お見舞い品を選ぶときには病状によって配慮が必要ですが、よろこばれるのは現金です。

また、お見舞い相手やその家族の了承を得て、日時を知らせてから訪れましょう。15～30分の短時間ですませます。

お見舞いをいただいたら、退院後に落ち着いてから、礼状を添えて快気内祝いとして品物を贈りましょう。

◆ お見舞いのタブー ◆

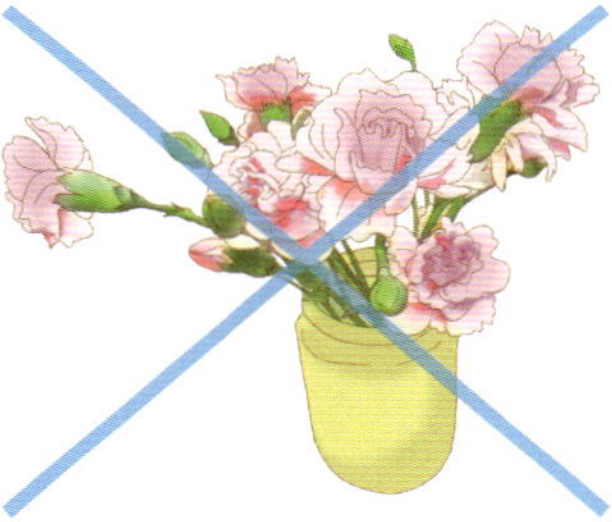

入院している人には鉢植え、菊、椿は好まれません。ユリ、水仙などの香りの強い花も贈らないようにしましょう。

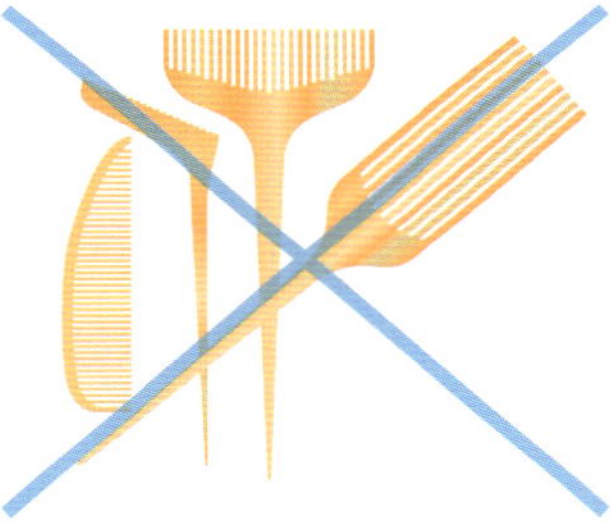

髪をとくくしなど、「4」や「9」を連想させるものをお見舞いの品とするのは避けましょう。肌着なども、親しくない限りはNGです。

相手からリクエストがない限り、生ものや皮をむかないと食べられない果物などは、持参しないようにしましょう。

のし袋の種類とお見舞い金

のし袋の水引は一度きりという意味の「結び切り」を選びます。ただし、最近では「病気をのばす」などといって、つけないことも多くなっています。

【 相場 】

親・祖父母・きょうだい・孫・親戚	1万円～
友人・知人・同僚	3000～5000円
ご近所	3000～5000円

お見舞い・快気内祝いの品物

【 お見舞いの品 】

本や雑誌、フラワーアレンジメント、日もちのする個包装の焼き菓子、タオルなどの品物がよろこばれます。

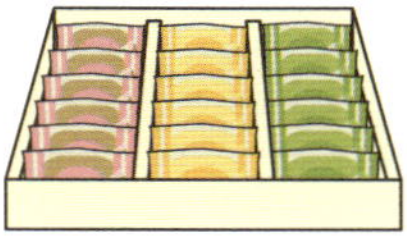

【 快気内祝いの相場 】

お見舞いでいただいた品の3～5割の金額が相場です。

【 快気内祝いに適した品物 】

「きれいさっぱり治りました」という意味で、石鹸、洗剤、焼き菓子など、「あとに残らない」品物を選ぶとよいでしょう。

【 お見舞いを断わられた場合 】

直接のお見舞いを遠慮されたら、見舞い金に手紙を添えて現金書留で送ります。

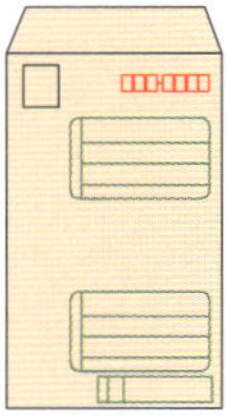

まとめ

1. お見舞いは本人や家族の許可を得てから訪れる
2. のし袋の水引は「結び切り」を使用
3. 全快したらお見舞いの礼状を添えて、快気内祝いを贈る

災害見舞い・陣中見舞い

災害を知ったらすぐに見舞い、日用品、食料品、見舞い金を届けます。陣中見舞いは食料品を。

災害見舞いは迅速に、必要なものを届ける

火災、水害、震災などの災害見舞いは、相手が困っているので、できるだけ早く送りましょう。連絡がついたら、必要なものを聞いて持参します。

災害の程度によりますが、食料品や水、日用品などの必需品を持参するとよいでしょう。災害のお見舞いに現金を贈るのもよろこばれます。

見舞い金は、のしや水引のない白い封筒に「**災害御見舞**」と名前を書きます。

火災で火元になった場合は、表書きに「**御見舞**」と記します。お見舞い金を渡して、何か力になれることはないか聞いてみましょう。近所で火事があり、もらい火で火事になったり、火事にならなくても消火活動の際に水をかぶったりした場合の表書きは、「**近火御見舞**」です。

贈り物だけではなく、あと片づけに協力したり、相談相手になるなど精神面で支えになったりすることも大切です。

陣中見舞いは、発表会、イベントなどでスタッフを激励するために贈るものです。みんなで分けられる食料品を贈るのが一般的です。

◆ 災害見舞い・陣中見舞いの表書きと品物 ◆

【 見舞い金の表書き 】

災害のお見舞いの場合は、「災害御見舞」とします。

火災で火元になった場合は、「御見舞」とします。

もらい火で火災になったり、消火活動の際に水をかぶったりした場合は、「近火御見舞」とします。

【 災害見舞いの品物 】

食料品、衣料品、衛生用品、毛布、下着類などがよろこばれます。

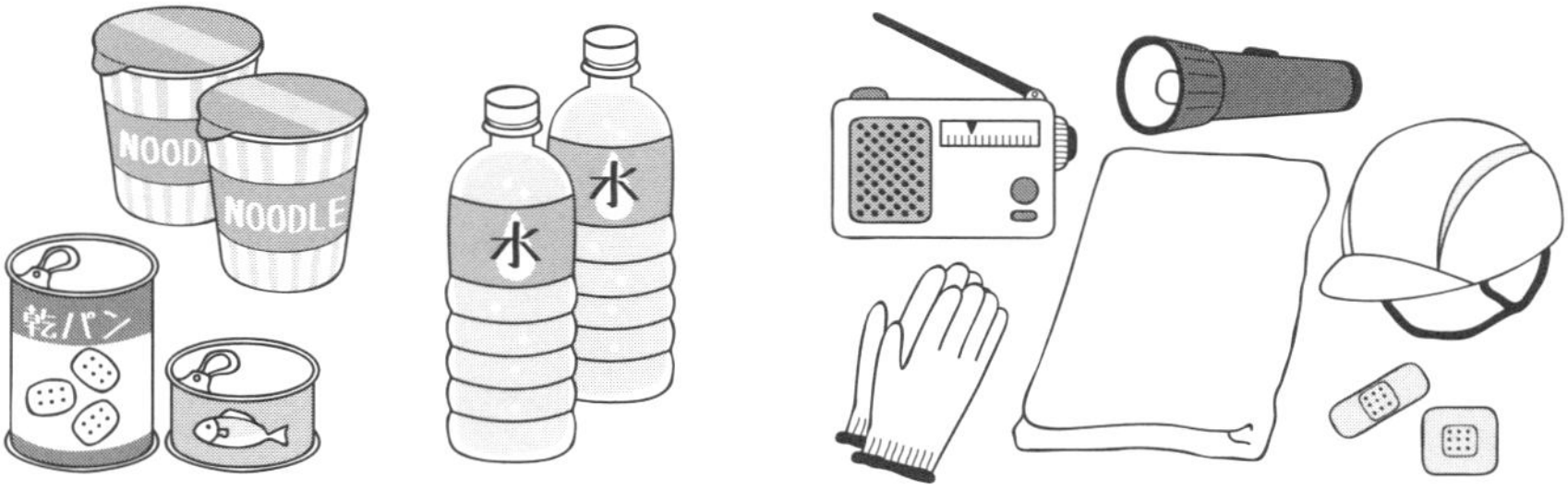

【 見舞い金の表書き 】

激励のための贈り物の場合は、「陣中御見舞」とします。

【 陣中見舞いの品物 】

ジュース、ビール、サンドイッチ、おにぎり、お菓子などを、スタッフの人数より多めに用意します。

まとめ

1. 災害を知ったらすぐに対応する
2. 災害の見舞い金は、のしや水引のない白い封筒に入れる
3. 激励のための贈り物の場合は、「陣中御見舞」とする

引っ越しの挨拶の仕方

旧居のご近所に挨拶をしてから引っ越し、転居先での挨拶は引っ越し当日か翌日にします。

転居先へは品物を持参。のし紙には苗字を書く

引っ越しの前日までに旧居の近隣に挨拶をしましょう。品物を贈ることもありますが、挨拶だけでも失礼にあたりません。

転居先では、引っ越しの当日か翌日に品物を持って挨拶に行きます。のし紙には苗字だけを書きます。挨拶するときは、引っ越しの際に、荷物の移動で迷惑をかけたことへのお詫びもつけ加えましょう。

※マンションの場合は、管理人、両隣と上下階に、一軒家の場合は両隣と向かい３軒と裏の家に挨拶をします。

旧居と転居先での挨拶の言葉

【旧居の近隣への挨拶】

いつもお世話になっております。
隣（上、下、裏など）に住んでおります○○（名前）と申します。
○月○日に引っ越しをすることとなり挨拶に参りました。
これまでいろいろとお世話になりまして、ありがとうございました。
恐れ入りますが、引っ越し当日にはご迷惑をおかけすることもあるかと思いますがよろしくお願いいたします。

【転居先の近隣への挨拶】

はじめまして。
本日（もしくは○月○日に）、
隣（上、下、裏など）に引っ越して参りました○○（名前）と申します。
引っ越しの際には何かとご迷惑をおかけいたしました。
これからお世話になります。
どうぞよろしくお願いいたします。

◆ 転居先の挨拶の範囲 ◆

【マンション】

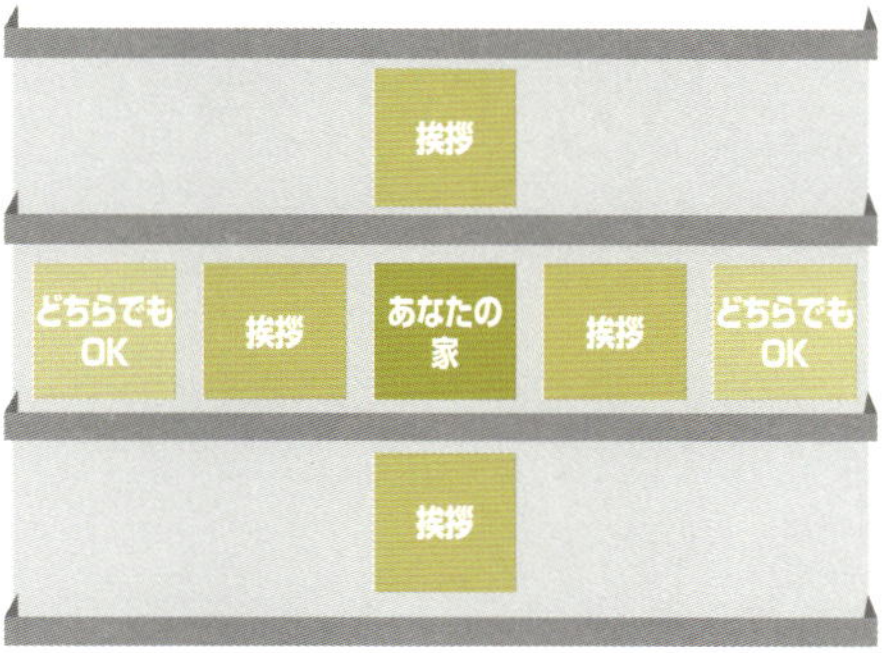

【一軒家】

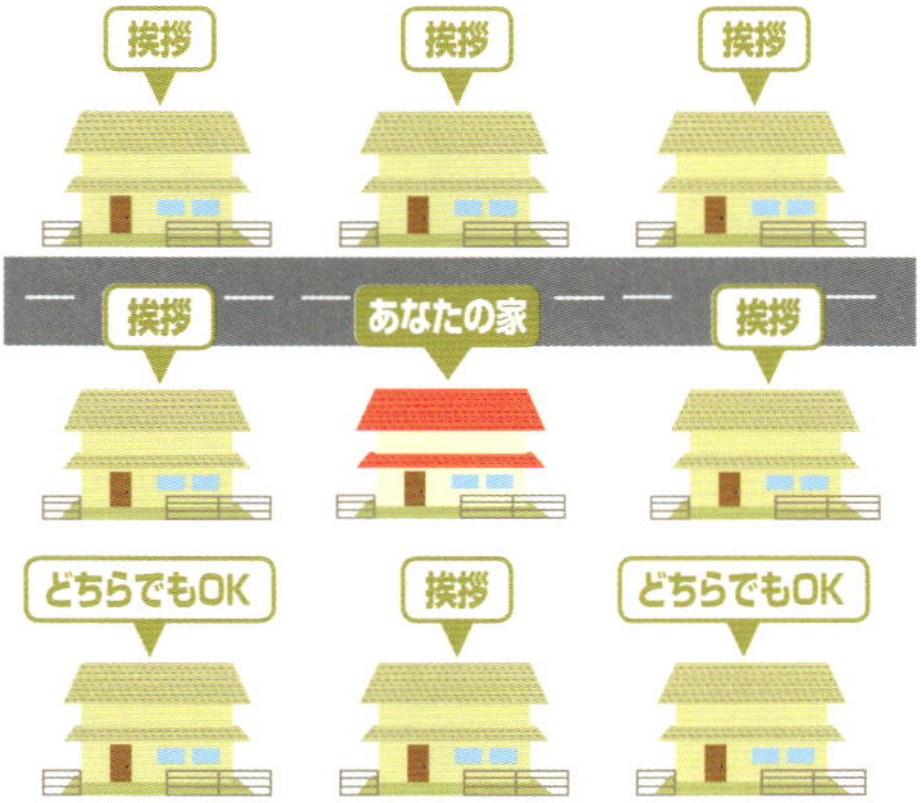

マンションの場合、あなたの部屋の上下階と、隣の部屋へ挨拶をしましょう。2軒隣の部屋へは、かならずしも挨拶する必要はありません。

一軒家の場合は、基本的には、あなたの家から見える家へ挨拶に行くと考えましょう。

◆ のし紙と品物 ◆

【水引】
赤白の蝶結び
【表書き】
ご挨拶、粗品

※地方によって好まれる水引の種類が異なる場合があります。

【相場と品物】

品物の相場は500 ～1000円。洗剤やタオル、ふきんなどの日用品やお菓子などが好まれます。

まとめ

1. 転居先では引っ越し時に迷惑をかけたことをお詫びする
2. 挨拶の品物の相場は500～1000円
3. 品物にのし紙をかけ、表書きは「ご挨拶」か「粗品」と苗字を書く

「服装に決まりはありますか？」

暗い色や縁起が悪い柄はNG
派手すぎない明るめの色がおすすめ

　お見舞いの服装でもっとも気をつけたいのが、色です。黒は喪服、赤は血を連想させるので控えます。相手の気持ちが暗くなるような色も避け、パステルカラーなどの明るく穏やかな色を選ぶようにします。

　菊や彼岸花、ドクロ、黒ネコなど縁起が悪いとされている柄も避けるのが無難です。ダメージジーンズなどラフすぎる服装も避けましょう。歩くと音がするハイヒール、ミュールなどは病棟中に音が響くので、控えるほうがよいでしょう。

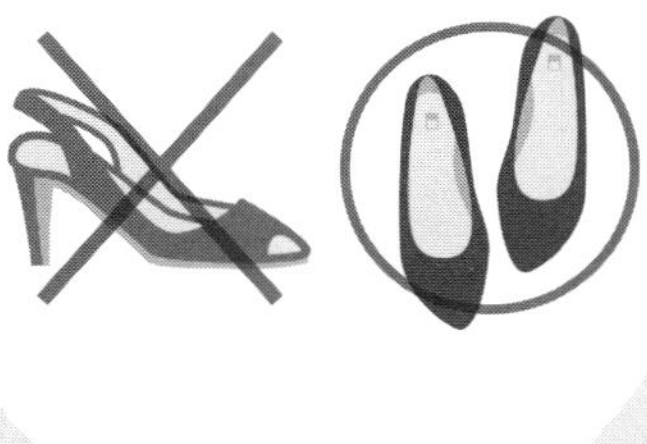

PART
2

年中行事のしきたり

お正月のしきたり

お正月の飾りは、12月28日までに飾ります。年始の挨拶は1月7日（関西では15日）までに行ないましょう。

おもちやお正月飾りの禁忌を守り新年を清々しく迎える

お正月のしめ飾りや松飾りは12月28日までに飾りましょう。29日は「二重苦」などの意味で避けます。31日も一夜飾りで縁起が悪いので、適しません。

親戚、知人への年始の挨拶は、家族で過ごす元旦は避けましょう。1月2〜7日に行くようにします。

お年玉は、新札で渡すようにしましょう。

お正月飾りと人日

関西

関東

関西と関東では、しめ飾りの様式が異なります。

鏡もちは、12月28日までに飾り、鏡開きの1月11日（地方によって異なります）まで飾ります。

1月7日は「人日《じんじつ》の節句」といい、1年で最初の節句です。この日に、七草粥を食べると1年間病気にならずに、豊作に恵まれるとの言い伝えがあります。

お年玉の相場とマナー

【相場】

年齢	金額
0～3歳	500～1000円
4～6歳（未就学児）	1000円
小学生低・中学年	1000～3000円
小学生高学年	3000円
中学生	5000円
高校生	1万円

【お札のたたみ方】

お年玉袋にお札を入れるときは、お金を開いたときに肖像画のある面が見えるように、三つ折りにします（右前）。上下逆さまにならないように入れましょう。

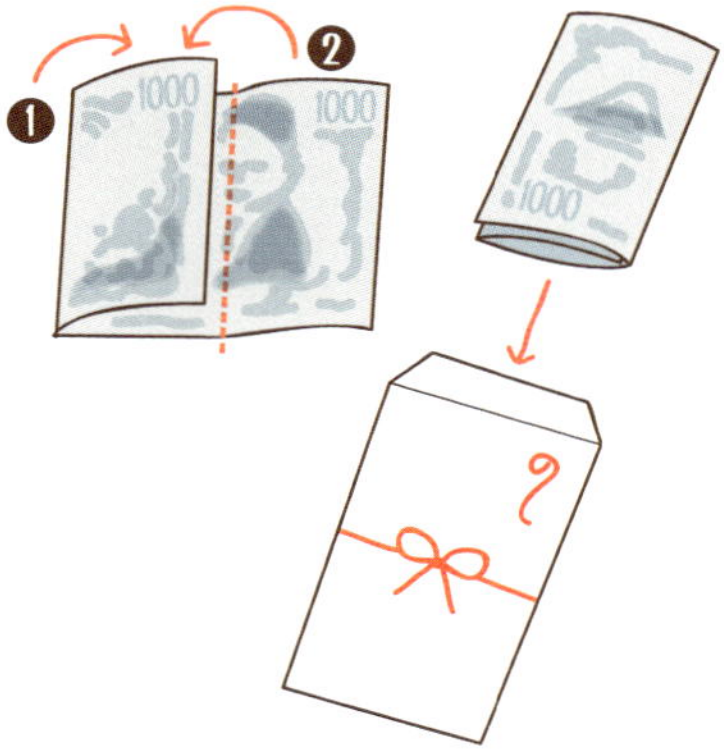

お年賀の相場とマナー

【水引】赤白の蝶結び
【表書き】お年賀

【相場】

相場は親戚や友人・知人の場合1000 ～3000円以内で、お菓子などの食品、タオルなどの日用品が一般的です。「お年賀」は、新年の挨拶の手土産なので、直接持参するものに限られます。配送はしません。

まとめ

1. お正月飾りは縁起の悪い12月29日や31日には準備しない
2. お年玉は新札を使い、年齢に見合った相場の額を渡す
3. お年賀は新年の挨拶で訪問するときに持参する

節分・豆まき

家族みんながそろってから、夜に窓や戸をすべて開けて、家の奥から順に豆をまきましょう。

「鬼は外」「福は内」と言い豆は下手投げでまく

立春（2月4日ごろ）の前日が節分です。豆まきは、災害や病気などの災《わざわ》いを鬼に見立て、炒った豆で追い払う行事です。

鬼は深夜に来るといわれているため、豆は夕方まで神棚に供えておき、豆まきは家族がそろう夜に行ないます。

本来、豆をまくのは一家の長や年男、年女の役目でした。現在は、年中行事を楽しむという意味から、家族みんなでまくようになっています。

窓や戸などをすべて開けて、家の奥から順に豆をまき、玄関には最後にまきます。大きな声を出しすぎて近所迷惑にならないようにしましょう。

「鬼は外、鬼は外」と2回言って外に向かってまき、鬼が入ってこないようにすぐに戸を閉め、「福は内、福は内」と家の中にまいて福を招き入れます。

豆をまき終わったら、無病息災を願うため、年齢にひとつ足した数の豆を食べましょう。

最近では、関西の風習だった「恵《え》方《ほう》巻き」が、節分の行事として全国にも広がり、浸透しています。

◆ 正しい豆のまき方と節分の伝統 ◆

手の平を上にして、下手投げのようにしてまくのが正式なまき方です。キャッチボールをするように上手投げでまいてはいけません。

寺や神社の豆まきは、にぎやかで楽しいものです。ただし有名なところには、大勢の人が集まります。いざ豆まきがはじまると、豆を受け取ろうと押し合いへし合いになることも。子どもを連れて行くときには、人混みを避けるようにしましょう。

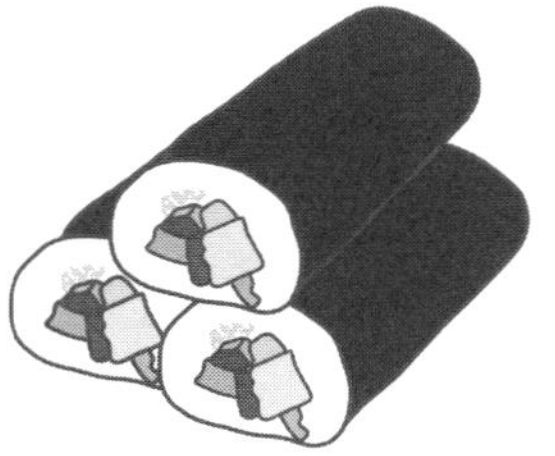

恵方巻きとは、その年に吉とされる方角(吉方位)を向いて、黙って食べ切ることで、無病息災を願う太巻きのことです。

ひいらぎの枝に焼いたいわしの頭を刺したものを「ひいらぎいわし」「やいかがし」といい、門や玄関につるします。いわしの臭いと、ひいらぎのとがった葉は鬼を寄せつけないという、魔除けのおまじないです。

まとめ

1. 家の奥から順に豆をまき、玄関は最後に
2. 年齢にひとつ足した数の豆を食べる
3. 豆は下手投げでやさしくまく

バレンタインデー・ホワイトデー

人間関係を円滑にする行事のひとつとして、感謝の気持ちを込めて贈ることが大切です。

職場の人や友人へは相手の負担を考える

海外では2月14日は、恋人や大切な人とプレゼントを交換する日とされています。

女性が男性にチョコレートを贈るのは、日本独特の慣習です。最近では友人への「友チョコ」や、男性から女性に贈る「逆チョコ」、自分に贈る「ごほうびチョコ」などが広まっています。

子どもが友人へ贈る友チョコは公平になるように、親が助言を。職場での義理チョコは、同僚や先輩と相談しましょう。

一方、3月14日のホワイトデーは、チョコレートをもらった男性が女性にクッキーなどをお返しするという日本で生まれたイベント。年中行事として定着しました。

バレンタインデー・ホワイトデーの相場

バレンタインチョコレートの相場は、本命か義理かによって異なります。義理チョコの場合は、人数によりますが、小分けにしたチョコレートがいくつか入ったものを1箱買って配るといいでしょう。

ホワイトデーでは、バレンタインチョコと同程度のお返しをしましょう。品物はクッキー、キャンディー、チョコレートなどのお菓子が主流です。

種類	金額
本命チョコ	1000円～
義理チョコ	300～1000円

◆ バレンタインデー・ホワイトデーのマナー ◆

【子ども】

友チョコは公平になるようにします。仲間外れやいじめにつながらないように、子どもに助言しましょう。

【職場】

職場の義理チョコは、同僚や先輩と相談しましょう。個人で渡すのはNG。

【家族】

家族へのチョコは気持ち次第。義父や義兄弟へは感謝の気持ちで贈るとよろこばれるでしょう。

【ホワイトデー】

お返しはホワイトデーで。バレンタインデーにもらったものと、同程度のお返しをします。お返しをしなくても失礼にはなりません。

まとめ

1. 子どもの友チョコや職場の義理チョコは公平になるように
2. 義理チョコは相手の負担にならない程度の金額で選ぶ
3. お返しはもらったものと同程度の金額のお菓子を贈る

ひな祭り・端午の節句

ひな人形は2月初旬から中旬ごろに飾ります。兜は春分の日のあとに飾りましょう。

ひな人形は親子で飾り愛情と伝統を伝える

ひな祭りは女の子の成長や幸福、良縁を願う行事です。その昔、人形にけがれや災いをうつして海や川に流す風習がありました。それを受け継ぎ、江戸時代からはひな人形を飾るようになったといわれています。

ひな人形は2月初旬から中旬ごろに飾るのが一般的です。遅くとも1週間前には飾るようにしましょう。一夜飾り（前日に飾る）は縁起が悪いので避けます。

伝統と愛情を伝えるためにも、子どもと一緒に飾りましょう。

お節句の翌日にしまわないと、女性の婚期が遅れるという言い伝えがあるので、早くしまうように心がけましょう。

五月人形や鯉のぼりは春分の日のあとに飾る

端午《たんご》の節句は、5月5日に男の子の成長と立身出世を願う行事です。兜《かぶと》や金太郎などの五月人形や鯉のぼりは、3月の春分の日（20日ごろ）が過ぎてから飾ります。

4月初旬から遅くとも1週間前には飾りましょう。時期に決まりはありませんが、5月中にしまうようにします。

ひな祭りも端午の節句も、家族でお祝いをして、伝統を受け継いでいきたいものです。

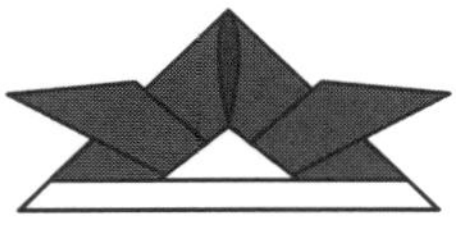

◆ ひな人形の飾り方 ◆

ひな人形（段飾り）は、和室なら床の間のある上座に、南に向くように飾りましょう。おだいりさまとおひなさまの位置は、関東は男右（向かって左）女左（向かって右）、関西は男左（向かって右）女右（向かって左）です。人形の衣装の絹が傷まないように、直射日光が当たる場所や高温多湿の場所には置かないようにします。

◆ 端午の節句の飾り ◆

【 五月人形 】

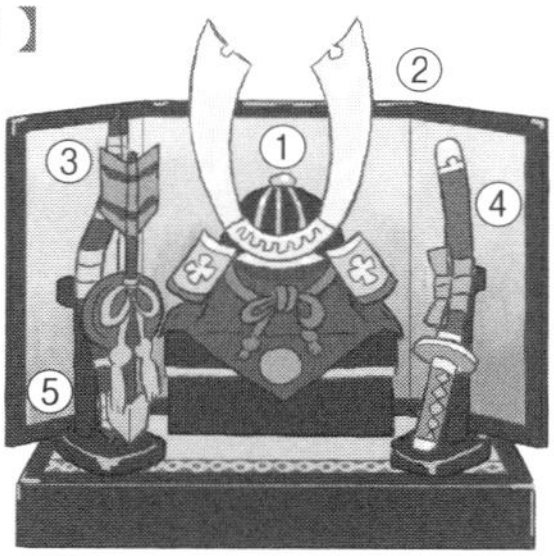

五月人形の名称は以下の通りです。

① 兜
② 屏風《びょうぶ》
③ （弓《ゆみ》太《た》刀《ち》揃《そろえ》）、弓（飾り）
④ （弓太刀揃）、太刀（飾り）
⑤ 飾り台

【 柏もち 】

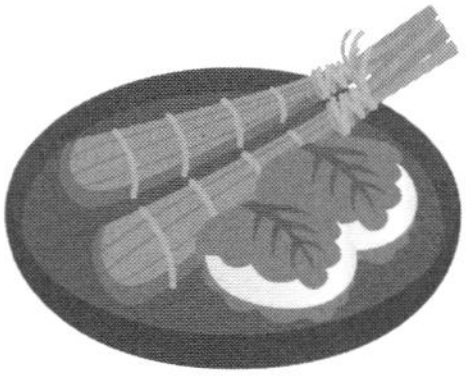

五月人形と一緒に、柏もちやちまきも飾ります。

【 鯉のぼり 】

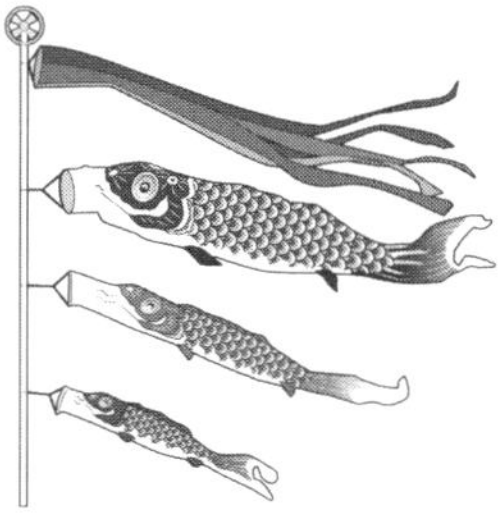

上から矢車、吹き流し、真鯉《まごい》、緋鯉《ひごい》、子鯉《こごい》という名称がついています。

まとめ

1. ひな人形は2月初旬から中旬、五月人形は春分の日のあとに飾る
2. 伝統と愛情を伝えるために子どもと一緒に飾る
3. 子どもの成長を願い、家族でお祝いをする

母の日・父の日・敬老の日

ささやかな贈り物にメッセージを添えて、感謝の気持ちを伝えましょう。

家族で食事をしたりして感謝を伝える

5月の第2日曜日は母の日です。あるアメリカ人女性が亡き母の命日に教会でカーネーションを配ったことからはじまったといわれています。母の日には、赤いカーネーションを贈るのが定番です。

一方、6月の第3日曜日は父の日です。好きな食べ物や小物を贈ったり、家族で食事をしたりして感謝の気持ちを伝えましょう。

母の日、父の日、誕生日、敬老の日と、父母に何を贈ればよいのか悩んでしまうときは、誕生日をいちばん大切にしてプレゼントを贈りましょう。

母の日や父の日には、カードやお花、好きなお菓子などを贈って感謝の気持ちを伝えるとよいでしょう。

敬老の日は、孫にあたる子どもが手紙やカードを書いて、祖父母に感謝の気持ちを伝えるようにしましょう。

◆ 贈り物以外で気持ちを伝える場合 ◆

親子で食卓を囲む時間をつくります。父母を自宅に招いてホームパーティーを開くなど、父母の好きな料理を囲んで会食しましょう。

また、コンサートや映画、落語や観劇などを一緒に楽しむのもよいでしょう。

◆ 母の日・父の日の感謝の気持ちの伝え方 ◆

贈り物には、感謝の言葉を書いたメッセージカードや手紙を添えましょう。

好きな食べ物やお酒、趣味のものを選ぶとよいでしょう。

贈り物は、母の日や父の日に父母を訪ねて手渡しするのがいちばんよろこばれます。孫から手渡しされるのもうれしいものです。

父母が遠方にいる場合は、当日または前日に届くように贈り物を発送しましょう。メールやFAXでもよいのですが、やはりよろこばれるのは生の声。当日に電話をかけて、感謝の気持ちを伝えましょう。

まとめ

1. 日ごろの感謝の気持ちを伝えることを忘れない
2. 食事、映画、落語などで一緒に過ごすのも◎
3. 遠方なら電話をするのも可

お中元・お歳暮

お中元・お歳暮は毎年贈るもの。長いおつきあいの相手に贈りましょう。

お中元はお盆までに お歳暮は12月20日ごろまでに贈る

お中元の時期は、地方によって異なります。関東や東北は7月上旬~7月15日まで。これ以降は「**暑中御見舞い**」、立秋（8月7日ごろ）以降は「**残暑御見舞い**」になります。関西やそのほかの地域は7月中旬~8月15日で、以降は「**残暑御見舞い**」で贈ります。目上の人へは「**残暑御伺**」としましょう。

お歳暮は、正月の準備をはじめる、事はじめの12月13日~20日ごろまでに贈ります。現在ではお歳暮を贈る時期が早まり、12月はじめから贈るようになっています。

年末の25日以降にお歳暮が相手に届く場合は、相手も大掃除や新年の準備で忙しくなるので、配慮が必要です。ただ、お正月用の生鮮食品を贈る場合は遅いほうが便利なので、相手の都合に合わせて贈りましょう。

年内に届けることができない場合は、新年の挨拶として「**お年賀**」、それ以降は「**寒中御見舞**」、目上の人には「**寒中御伺**」を贈りましょう。

お中元やお歳暮は毎年贈るものなので、途中でやめるのは失礼にあたります。贈る相手は習いごとの先生、親戚などが一般的。その年だけお礼をする場合は、「**御礼**」と書いたのし紙をつけて贈ります。

お中元もお歳暮も感謝の気持ちのお礼なので、お返しは不要。いただいたら、お礼状や電話でお礼を伝えましょう。

◆ お中元・お歳暮の相場と贈る品 ◆

【 相場 】

贈り先	金額の目安
親・親戚	5000円
習いごとの先生など	5000〜1万円
知人・友人・会社の上司	3000〜5000円

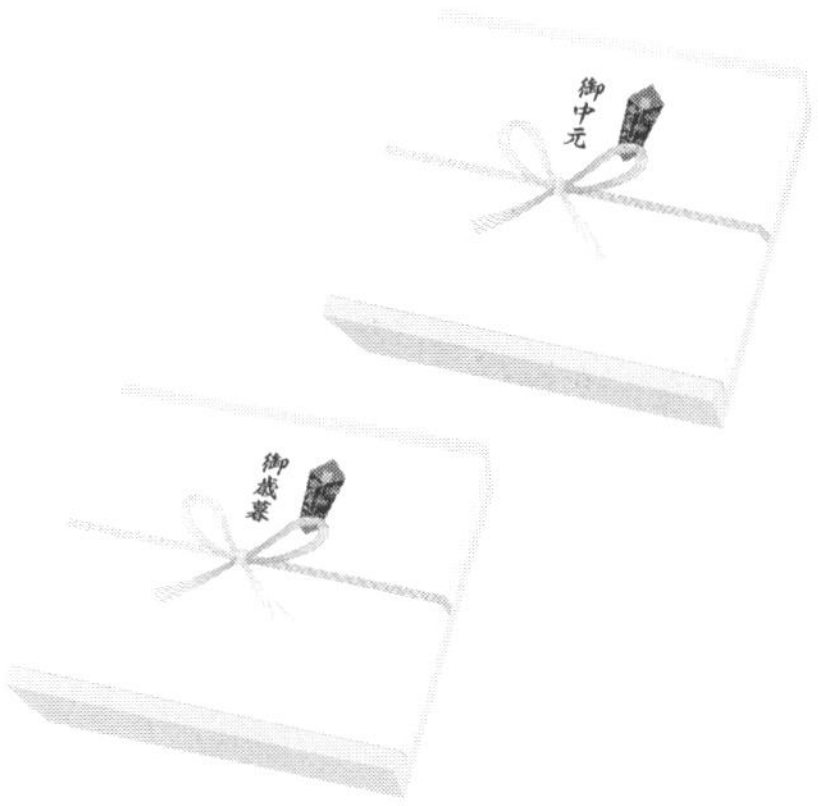

【 お中元の品物 】

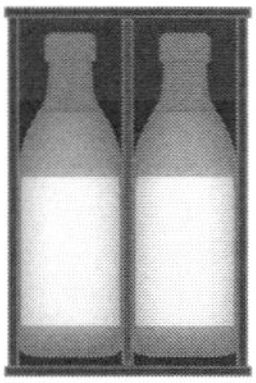

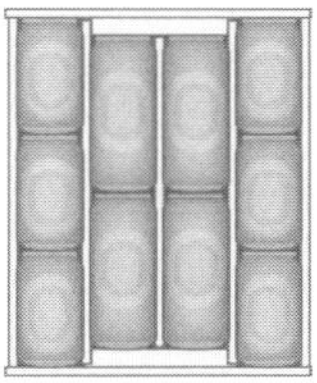

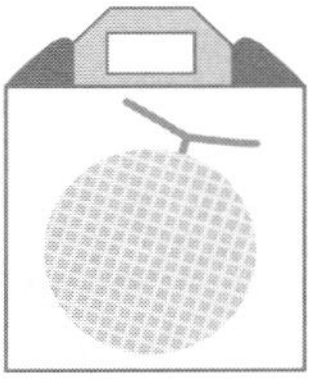

お中元には、ビール、清涼飲料水、果物、デザート(アイスクリーム、ゼリーなど)、カタログギフト、ギフト券などがよろこばれます。

【 お歳暮の品物 】

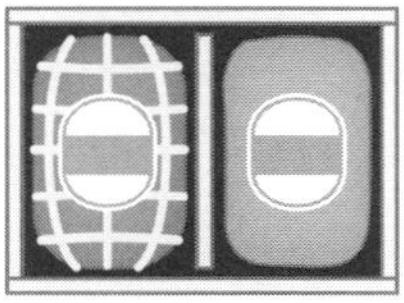

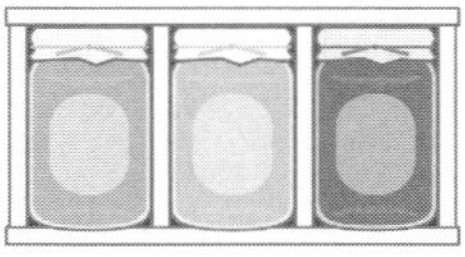

お歳暮には、ビール、ハム・ソーセージ、コーヒー・紅茶、洋菓子、和菓子、調味料、肉類、魚介類、カタログギフト、ギフト券などがよろこばれます。

まとめ

1 お中元の時期は関東と関西では違うので注意する
2 お歳暮は12月20日ごろまでに届くようにする
3 お中元・お歳暮は毎年贈るもの、1回きりなら「御礼」で贈る

お盆・お彼岸

お盆の時期は地域によって異なるので注意。お彼岸は春、秋の年2回です。

お盆は先祖を迎えて供養する行事

お盆は、年に一度ご先祖の霊を供養する行事です。お盆の時期は地方によって異なります。東京や静岡の一部地域などは7月13日からの4日間、関西やほかの地域は8月13日からの4日間です。15日の日没を16日として15日の夜に送り火を焚《た》くこともあります。

亡くなってからはじめて迎えるお盆を、新盆（しんぼん・にいぼん・あらぼん）といい、僧侶を招いて親族とともに法要をします。新盆の法要や仏前にお参りするときは、香典を持っていきましょう。新盆で香典をいただいたら、お返しの品（洗剤や食品などのあとに残らないもの）を渡します。

お盆の準備としきたり

1 精霊馬を飾る（12日）

行きはきゅうりの馬で早く来れますように、帰りはナスの牛でゆっくり戻れますようにという意味を込めています。

↓

2 迎え火（13日）

迎え火を焚く、提灯で迎えに行くという意味があります。

↓

3 送り火（16または15日の夜）

送り火を焚きます。

年2回のお彼岸にはお墓を掃除して供養

　春分の日（3月20日ごろ）と秋分の日（9月23日ごろ）を「お中《ちゅう》日《にち》」と呼び、前後3日間、計7日間がお彼岸です。

　初日を彼岸の入り、最終日を彼岸の明けといい、期間中はお墓参りをします。お墓参りの際には、掃除道具を持参して心を込めて掃除をして、神式ではお榊《さかき》を対《つい》にして供えます。

　親戚などの仏前にお参りに行くときは、香典や菓子折り、お線香などお供え物を持参するのが一般的です。

　お返しは必要ありません。おはぎやお茶などでおもてなしをしましょう。

お彼岸のお墓参りの作法

1. お墓を掃除します。手桶やひしゃくなどは借りることができます。ただし、たわしや布などは用意していきます。雑草を抜き、落ち葉などは拾いましょう。

2. 墓石にひしゃくで何度も水をかけて、たわしで汚れを落としましょう。仏式では持参した花を飾って、供物を供えます。神式では一対のお榊を持参して飾ります。

3. 線香を手向け、お祈りをします。仏式の場合は合掌します。神式の場合は二礼二拍手一礼しましょう。

まとめ

1. 新盆は僧侶を招き法要を行なう。招かれたら香典を包む
2. 新盆の香典にはお返しをする
3. お彼岸にお墓参りをするときはお墓を掃除する

ハロウィーン・クリスマス

**ハロウィーンは節度ある行動を！
リース、ツリーは11月末に飾り、
カードは12月上旬に送ります。**

迷惑をかけないように仮装を楽しむ

ハロウィーンは、キリスト教の「万聖節《ばんせいせつ》」の前夜のお祭りで、秋の収穫を祝い、悪霊を追い出す行事。欧米では、かぼちゃをくりぬいた「ジャック・オー・ランタン」を飾ります。

子どもたちは、魔女やお化けなどの仮装をして、「トリック・オア・トリート」と言いながら、家々をまわってお菓子をもらいます。

日本では子どもだけでなく大人も仮装を楽しむイベントとして定着しつつあります。

仮装をして街にでかけたら、他人に迷惑をかけないように節度ある行動をとりましょう。着替えを公衆トイレなどで行なうのもやめましょう。

飾りつけは11月末にカードはイブまでに送る

クリスマスはイエス・キリストの生誕を祝う日です。ツリーなどの飾りつけは、11月30日にいちばん近い日曜日に、片づけは公現祭（神が人間の前に現われたとされる日）の1月6日ごろ。日本はお正月があるので、片づけは12月27日までにしましょう。

クリスマスカードは11月末～12月上旬には投函し、遅くともイブまでに届くようにします。

プレゼントは、子どもがサンタクロースを信じているのなら、24日から25日にかけての深夜に枕元に置きましょう。甥や姪、友人の子どもに贈るなら、24日のイブには届くように送ります。

◆ クリスマスの準備と子どもへの贈り物の相場 ◆

リボンの飾り方の基本は上のとおり。クリスマスツリーにぐるぐると螺旋状に巻きつけるなどしましょう。

クリスマスリースは魔除けや豊作祈願、新年の幸福祈願のために飾ります。

ライトの飾り方の基本は上のとおり。電球の球の部分を外側にし、コードの部分を内側に隠すように飾ります。

【 贈り物の相場 】

年齢	金額
0〜6歳（自分の子ども）	3000〜5000円
0〜6歳（親戚や友人の子ども）	5000〜1万円
小学生・中学生	3000〜5000円

まとめ

1. ハロウィーンで仮装して出歩くときは節度ある行動をとって楽しむ
2. クリスマスカードは12月上旬までに投函する
3. 親戚や友人の子どもへの贈り物は24日には届くように

冬至・大晦日

冬至はゆず湯に入ります。大晦日は午前中に新年の準備を整え、新しい年を待ちましょう。

冬至や大晦日には縁起物でゆっくり過ごす

冬至（12月21日ごろ）は一年で昼間がもっとも短い日。太陽が生まれ変わり、運気が上がるといわれます。ゆず湯に入り、かぼちゃ（南瓜《なんきん》）などの「ん」のつく食べ物を食べる習慣があります。

冬至を過ぎるといよいよ年末。大晦日は、午前中にはお正月の準備を整えます。夜は年越しそばを食べながらゆったりと新年を待ちましょう。

冬至のならわし

冬至にゆず湯に入ることで、風邪をひかないといわれています。

南瓜《なんきん》、蓮根《れんこん》、人参《にんじん》、金柑《きんかん》など、「ん」のつく食べ物を食べましょう。「ん」＝「運」がつく、という縁起をかつぐ習慣です。

大晦日のならわし

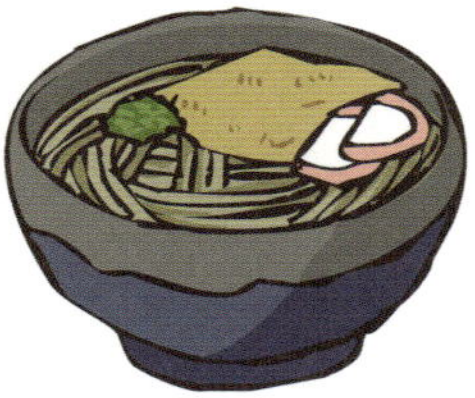

年越しそばは、「細く長く来年も幸せをそばからかき入れる」ための縁起ものの食べ物です。

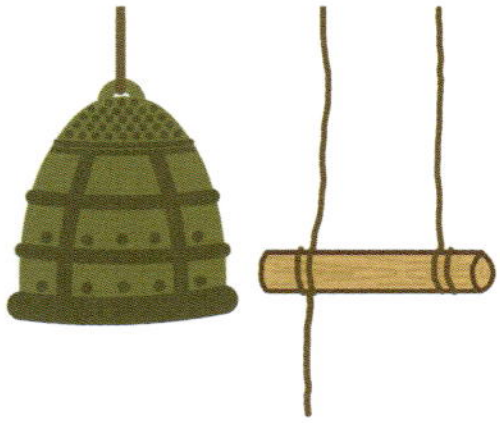

除夜の鐘を聞き終わったら、新年の挨拶をします。

年賀状の言葉遣い

よく使われる「賀」は「めでたい」だけの意味。「賀正」は「お正月を祝います」の意味なので、目上の人には失礼。「謹賀新年」や「謹んで新年のお慶びを申し上げます」としましょう。

「新年」と「あけまして」は重複する言葉なので、「新年あけましておめでとうございます」は誤り。HAPPY　NEW YEARは目上の人にはNG。はじめのAはつけません。

添え書きには、区切るという忌み言葉から句読点はつけません。また、去る、失う、損なうなども縁起が悪いので使わないようにします。「去年」は、「昨年」と書きましょう。

年賀状の準備が遅れたら……

目上の人には元旦に届くようにするのがマナーです。例年12月25日までに投函すると元旦に届きます。
もし、書くのが年明けになり、相手から先に届いたら、その日のうちに返事を書いて投函しましょう。三が日までに投函できるなら、お詫びは添えません。松が明ける7日よりも遅くなる場合は、寒中見舞いを出しましょう。

まとめ

1. 冬至のゆずやかぼちゃは、体を温める養生の知恵
2. 大晦日の夜は除夜の鐘を聞き終えてから新年の挨拶をする
3. 年賀状の正しい書き方を覚えて失礼のないようにする

「お中元やお歳暮をやめたいです」

お中元を控えてお歳暮だけにしてから、段階的にやめるようにする

　お中元やお歳暮は、段階的にやめるとスムーズです。はじめにお中元をやめてお歳暮だけにして、次にお歳暮も贈るのをやめるようにしましょう。

　基本的には、お中元やお歳暮は贈り続けるのがマナーですが、転勤や退職、生活スタイルの変化などで、やめるタイミングもあります。仲人には結婚後３～5年でやめても失礼にあたりません。会う機会があれば、お礼やお土産などで感謝の気持ちを表わしましょう。

PART
3

人生のお祝い

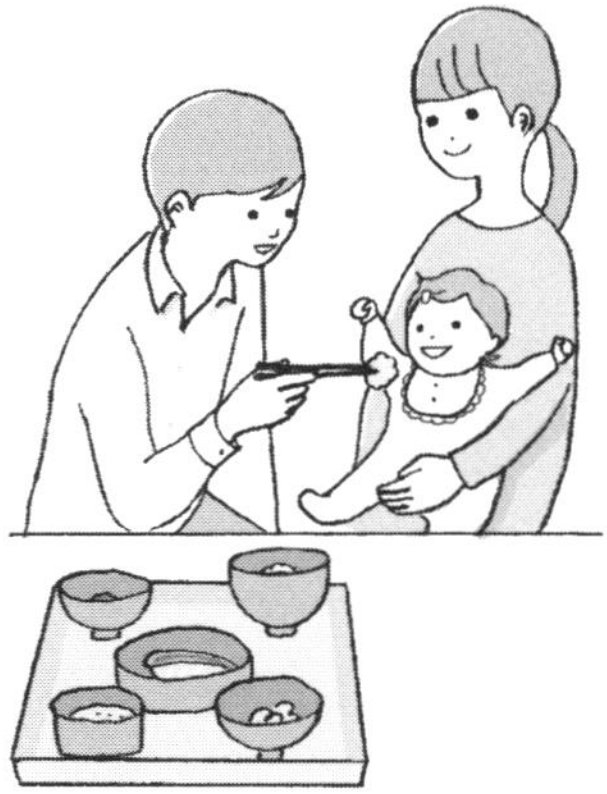

帯祝い・出産祝い

帯祝いは妊娠5カ月目の「戌《いぬ》の日」に。出産祝いはお七夜を過ぎて1カ月以内を目安に贈ります。

お返しは お祝いの半額程度の品物

妊娠5カ月目の「戌の日」に安産を祈願するのが帯祝いです。このときに妊婦が巻く腹《はら》帯《おび》（岩田帯）は、妊婦の実家が贈りましょう。お返しは不要です。

出産祝いは、母子の生活が落ち着くお七夜を過ぎてから1カ月以内に贈ります。

お返しは、内祝いののしに赤ちゃんの名前を書き、出産祝いの半額程度の品物を贈ります。

◆ 帯祝い ◆

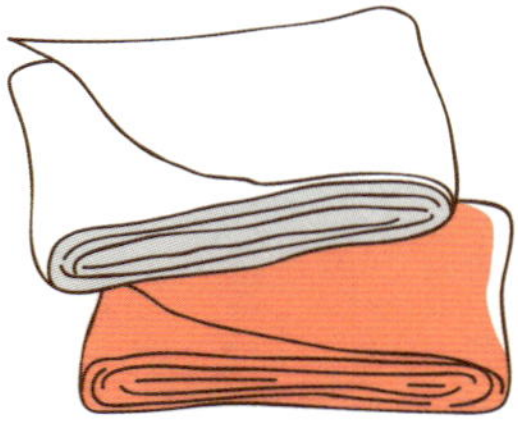

お腹を保護するとともに、「岩のように丈夫な赤ちゃんを」という願いから、腹帯は岩田帯とも呼ばれています。

妊娠5カ月目の戌の日に、妊婦と赤ちゃんの無事を願い安産祈願をします。

◆ 腹帯の結び方 ◆

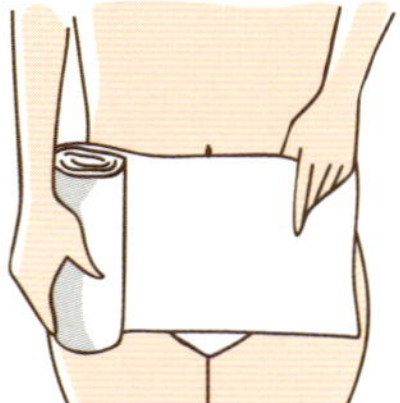

❶ おへその下あたりから巻いていきます。

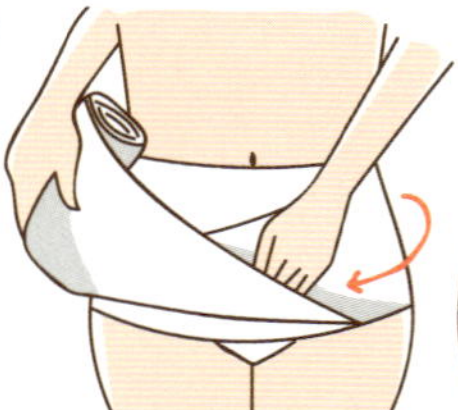

❷ 前で布をねじり、少しずつずらしながら、腹部を支えるように巻きます。

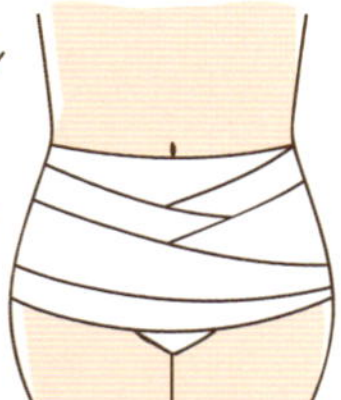

❸ 布の先端は三角に折り、帯の上部にはさみます。ショーツは腹帯の上に穿きます。

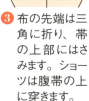

出産祝いのご祝儀

【相場】

親戚	1～3万円
友人・同僚	5000～1万円
ご近所	3000円程度

【水引】赤白の蝶結び、あわじ結び（おもに関西）
【表書き】御祝、御出産祝、祝御出産

よろこばれる贈り物

【赤ちゃんの物】

- ベビー服
（サイズ80cm以上で、生まれる季節と着てほしい月齢を合わせて考える）
- スタイ（よだれかけ）
- おもちゃ
- 絵本
- 帽子・靴・靴下
- 商品券など

【赤ちゃんの物のサイズ目安】

年齢	洋服	帽子	靴
6カ月～1歳	80cm	48cm	11cm
1～2歳	90cm	50cm	12cm～
2～3歳	95cm	52cm	14cm～

【お母さんの物】

- 抱っこひも
- ママバッグ　など

【出産祝いのお返し】

生後1～2カ月のお宮参りのころに。いただいた出産祝いの半分の額の品物を贈るとよいでしょう。

まとめ

1. 帯祝いの腹帯は妊婦の実家が贈るのが一般的
2. 出産祝いは生後7日目～1カ月以内に贈る
3. ベビー服は生まれる季節などを考えながらサイズを決めて贈る

お七夜

生まれて7日目に行なうお祝いです。祝い膳を囲みながら、赤ちゃんの名前を披露します。

最近は略式の命名式をお七夜のお祝いで行なう

赤ちゃんが生まれてからはじめてのお祝いごとが、お七夜です。健《すこ》やかな成長を願い、誕生した日から数えて7日目に行ないます。

お七夜は、平安時代から行なわれていました。昔は生まれたばかりの赤ちゃんの生存率がとても低かったため、無事に1週間経ち、成長する見込みが立ったことを盛大にお祝いしたそうです。

今は、お母さんと赤ちゃんの「退院祝い」をかねて、両家の両親、あるいは夫婦だけで、お赤飯やお寿司、尾頭つきの魚などの祝い膳を囲んで、お祝いをし、名前を披露するケースが多くなっています。

お七夜では、赤ちゃんの名前を命名書に書き、家族の一員として迎え入れる命名式も一緒に行ないます。

命名書は、本来は三方にのせて神棚や床の間に飾りますが、最近では略式の命名書を、ベビーベッドの上や壁に貼ることが多くなっています。

お七夜に招かれたら、「**祝命名**」「**祝御七夜**」「**酒肴料**」などの表書きをして、ご祝儀を包みます。

お七夜のお祝いの仕方

祝い膳は、お赤飯、尾頭つきの魚、煮物、お吸い物など。最近では、お寿司やケータリングなどで手軽に行なうことも多くなっています。

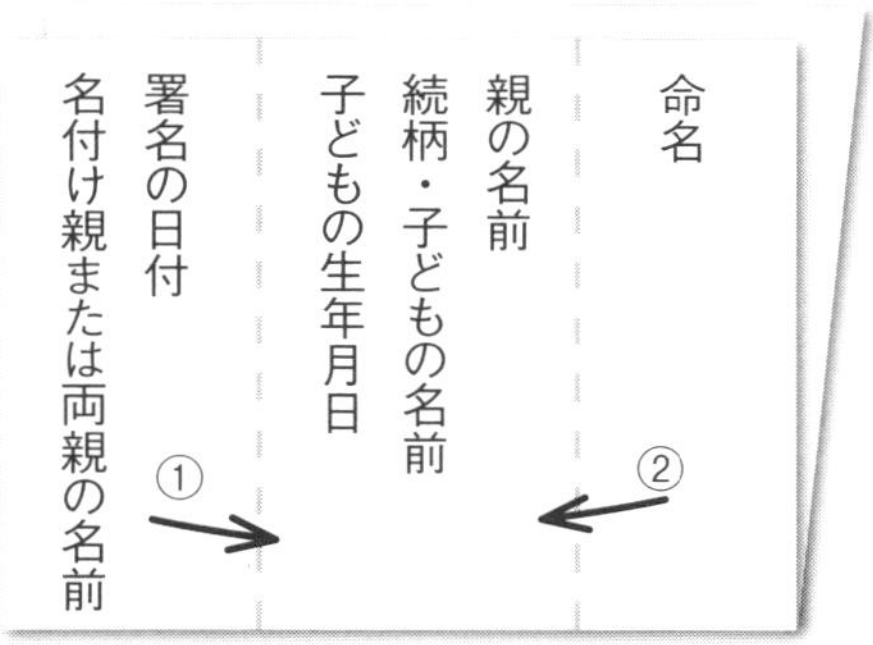

【奉書紙の書き方】

正式な書き方は、奉書紙または半紙を横ふたつ折りにし、折り目を下にします。さらに縦に3等分にし、左右から折りたためるよう折り目をつけて開きます。そして三つ折りした部分の右側・中央・左側にそれぞれ記していきます。略式では、折り目をつけずに書きます。

お七夜のご祝儀

【水引】
赤白の蝶結び（おもに関東）、あわじ結び（おもに関西）
【表書き】
祝命名、祝御七夜、酒肴料
【金額】
5000 ～1万円
祝い膳でもてなしているので、お返しは不要です。
記念写真を撮って送るとよいでしょう。

まとめ

1. お七夜のお祝いで、赤ちゃんの名前を披露する
2. お七夜は両家の両親を招くか、夫婦だけで祝うことも
3. 略式の命名書をベビーベッドの上や壁に貼るケースも多い

お宮参り

1カ月健診を受けたら、赤ちゃんの体調や天候をみて、氏神《うじがみ》様の神社にお参りします。

赤ちゃんを第一に考え お参りの日にちを決める

お宮参りは、住んでいる土地の守り神(氏神)に赤ちゃんの誕生を報告し、その健やかな成長を願う行事です。

お参りの時期は、男児は生後31、32日、女児は32、33日など、地域によって異なります。

正確な時期を気にするよりも、1カ月健診を受けたら、赤ちゃんの体調や天候を見て、お参りの日を決めましょう。

お宮参りの基礎知識

お参りする神社に決まりはありません。本来は近所の氏神様にお参りするのですが、最近ではどこの神社でもよいとされています。お宮参りは近親者で行ないます。できれば両家の祖父母と一緒にお参りしましょう。

【水引】
赤白の蝶結び(おもに関東)、あわじ結び(おもに関西)

【表書き】
初穂料

【金額】
5000円程度

ただし、神社で祈祷をしてもらう場合は、決まった額があれば、その額を納めます。

お宮参りの服装

【赤ちゃんの服装】

白羽二重の内着に、お祝い着を重ねます。男の子は兜や鷹など、女の子は花や蝶などの柄です。洋装のベビードレスでもOK。

【お祝い着】

お祝い着は、母方の実家が贈り、お参りでは父方の祖母が赤ちゃんを抱っこした上からかけてお参りをします。

【母親の服装】

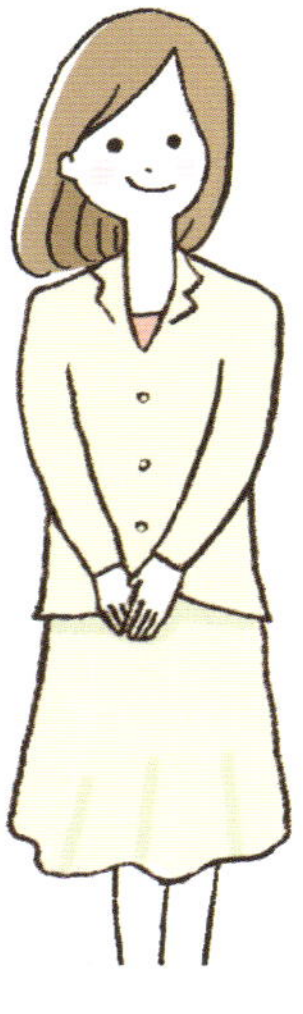

本来は着物（紋服や留袖）でしたが、母親は産後間もないので、スーツやワンピースなど無理のない服装でかまいません。

父方の祖母が赤ちゃんを抱く理由

お宮参りは、お産のけがれをはらう「忌明け」の意味もあります。このため、忌明けのすんでいない母親ではなく、父方の祖母が赤ちゃんを抱いてお祝い着をかけるようになりました。産後の母親を労わることを考えてのことのようです。

まとめ

1. 赤ちゃんの健康状態や天候を見て、お参りの日を決める
2. お祝い着は母方の実家が用意し、父方の祖母がお参りに着用
3. 産後なので母親の服装はスーツやワンピースでもよい

お食い初《ぞ》め

赤ちゃんの歯が生えはじめる生後100～120日目ごろに、赤ちゃんに食べるまねをさせます。

食べ物に困らないように家族みんなで祈願する

お食い初めは、子どもが生涯食べ物に困らないように願うものです。赤ちゃんに祝い膳を食べさせるまねをします。また、丈夫な歯が生えるようにと「歯固めの儀式」も行ないます。

お食い初めを行なう時期は、赤ちゃんの乳歯が生えはじめる、生後100～120日目ぐらいです。赤ちゃんの体調や歯の生え具合に合わせてよいので、120日目を越えてからでもかまいません。

赤ちゃんのためのお祝いなので、家族がそろって会食できる日を選び、できれば両家の祖父母を自宅に招きましょう。

もし祖父母と住まいが離れているなど、都合が悪ければ、夫婦だけでお祝いしてもよいでしょう。

そのような場合は、お食い初めの様子のビデオや写真を、祖父母に送る気遣いも必要です。

一方、お食い初めに招待されたら、お祝い金か品物を贈りましょう。お祝い金は、9以外の奇数で5000～1万円程度が相場。品物は乳幼児用食器などがよいでしょう。

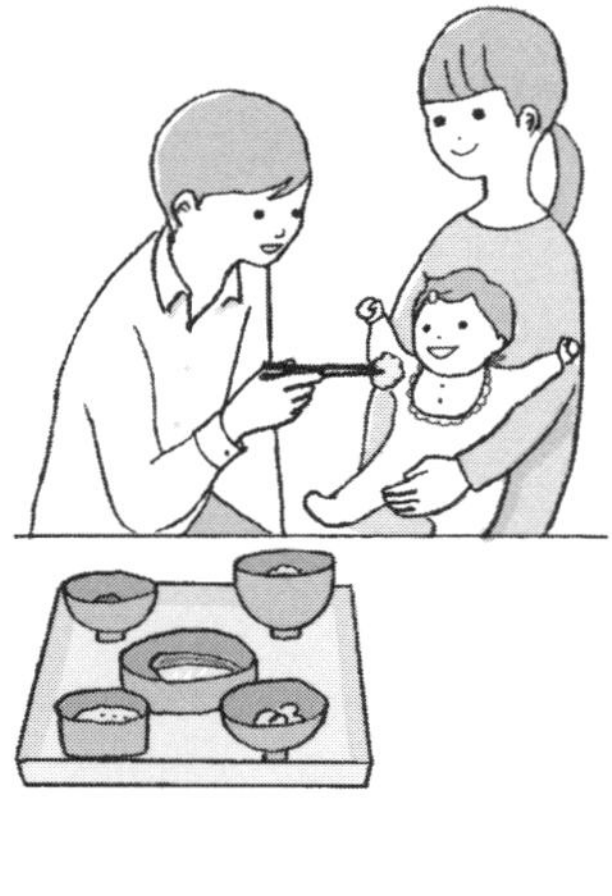

◆ 祝い膳の整え方と豆知識 ◆

①ご飯→②お吸い物→③ご飯→④魚→⑤ご飯　のように、ご飯をおかずとおかずの間に入れて、食べさせるまねを3回くり返します。

祝い膳に用意した「歯固めの石（小石）」に箸をチョンチョンと軽くあててから、箸の先を赤ちゃんの歯ぐきにやさしくあてます。これを「歯固めの儀式」といいます。

【 男の子 】

【 女の子 】

祝い膳は、母方の実家が漆器を用意するのがしきたりでした。父方の家紋を入れましょう。漆器は男児が朱塗り、女児は外側が黒、内側が朱塗りです。ただし、乳幼児用食器でもOKです。

まとめ

1. 歯が生えはじめる生後100～120日目ごろに行なう
2. 食べ物のほかに「歯固めの儀式」で使う小石を用意する
3. 祝い膳の食器は漆器が正式だが、乳幼児用食器でもよい

初誕生日祝い

満1歳のお祝いには、両家の祖父母を招きます。一升もちで祝う風習もあります。

おもちを背負わせて力強く育つように願う

満1歳の誕生日には両家の祖父母など近親者を招き、「初誕生日祝い」を行ないます。

1歳前後は歩きはじめるころ。赤ちゃんが力強く健康に育つようにと願い、「誕生もち」「タッタリもち」「一升もち」と呼ばれる一升分のもちを背負わせます。

初誕生日祝いの品は誕生日前後に贈ります。祝い金は、祖父母で2万円程度が一般的です。

初誕生日祝いのさまざまな風習

力強く健康に育つことを願い、一升もちをふろしきで包んで背負わせます。

しっかり地に足をつけて生きられるようにと願って、もち踏みを行ないます。

赤ちゃんの前にいくつかの物を置き、赤ちゃんが何を選ぶかで、将来を占います。電卓は商売の才能、筆・鉛筆は文筆・芸術の才能、お札はお金持ちになる、巻尺は職人の才能があるといわれています。

初誕生日祝いのご祝儀

【 水 引 】赤白の蝶結び（おもに関東）、あわじ結び（おもに関西）
【 表書き 】御祝、初誕生日祝い

【 相場 】

祖父母	2万円
きょうだい・友人	5000〜1万円

【 お返し 】

お返しは不要です。ただし、お祝いの様子をおさめた記念写真やビデオ（DVD）などを送るとよろこばれます。

初誕生日祝いの贈り物

【 よろこばれる贈り物 】

靴、絵本、おもちゃなどがよいでしょう。手形や足形をとったり、写真を飾ることができるフォトフレームなどもおすすめです。

まとめ
1 初誕生日は近親者を招いてお祝いをする
2 赤ちゃんの健康を願い、一升もちを背負う風習もある
3 祖父母が用意するお祝いは2万円が相場

初節句

初節句には、ひな人形や兜を飾り、お祝い料理を囲み、赤ちゃんの健康を祈願しましょう。

初節句の飾りは両家で相談して贈る

初節句は、赤ちゃんが生まれてはじめて迎えるお節句のことです。女の子は3月3日の桃の節句、男の子は5月5日の端午の節句です。

赤ちゃんが1～3カ月未満と生まれて間もない場合は、初節句のお祝いを翌年にしてもかまいません。母子の体調を優先しましょう。

初節句は、身内のお祝いなので、祖父母や近親者を招いてお祝いをします。

桃の節句にはひな人形を、端午の節句には兜や鯉のぼりを飾り、みんなでお祝いの料理を囲んで、赤ちゃんの無病息災、健やかな成長を願います。

初節句のひな人形や兜は、母方の実家が贈る習慣がありました。今では、両家で相談してどちらが贈るか決めたり、現金を贈って夫婦が自分たちで購入したりするケースも増えています。

ひな人形を飾る時期は、2月初旬から中旬ごろから、兜や鯉のぼりは、春分の日（3月20日ごろ）が過ぎてからです。

お祝いをいただいても、お返しは不要です。お祝いの席に招待したり、祝い菓子などを渡したりすればOKです。

◆ 初節句のおもてなし料理 ◆

【 桃の節句のお祝い料理 】

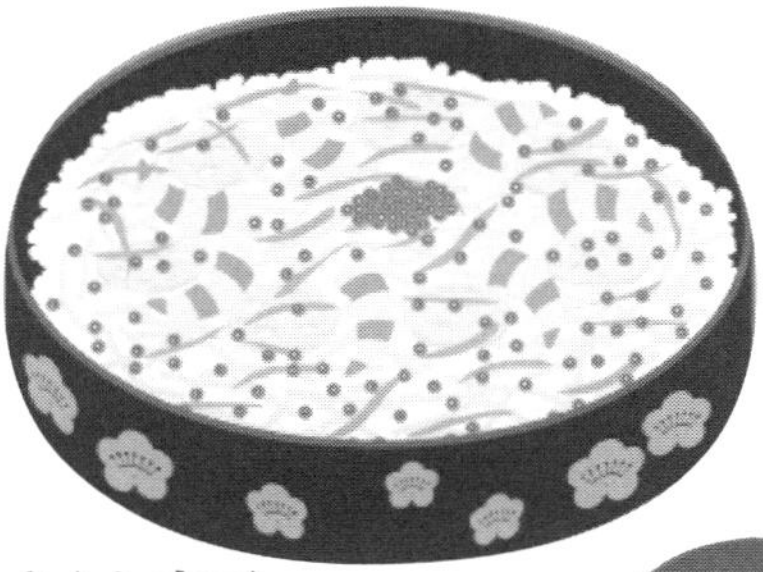
ちらし寿司

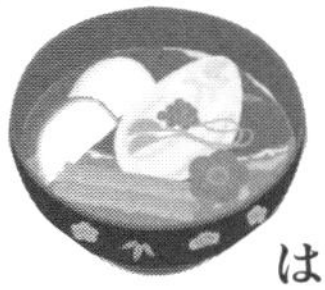
はまぐりのお吸い物

ちらし寿司、はまぐりのお吸い物、白酒(甘酒)、桜もち、ひなあられなどを用意します。
ちらし寿司は、海と山の幸がたくさん混ぜてあることから、食べ物に困らないようにという願いが込められています。
はまぐりは、貝殻が一対になっているため、「ひとりの人と一生連れ添うことができますように」という願いが込められています。

【 端午の節句のお祝い料理 】

柏もち

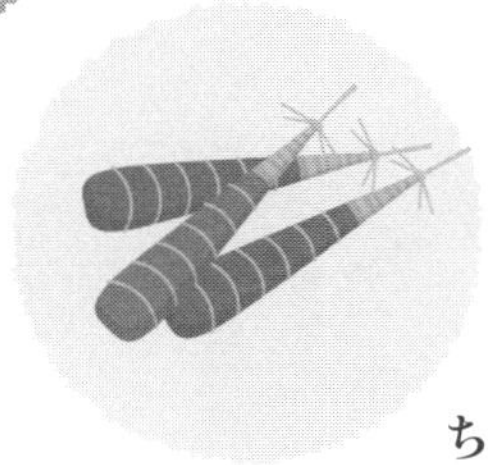
ちまき

お赤飯、尾頭つきの魚、煮物、刺身、柏もち、ちまきなどを用意します。
柏もちの柏の葉は、新芽が出るまで古い葉が落ちないことから、家が絶えないといわれており、子孫繁栄の願いが込められています。
また、もちはもともと霊力が宿っている縁起物だと考えられていて、ちまきはそれを茅《ちがや》で巻き刀に見立てることで魔除けの意味が込められています。

まとめ

1. 生後間もない場合は、翌年に初節句をしてもよい
2. ひな人形や兜は両家で相談して贈る
3. お祝いのお返しは不要。お祝い料理や祝い菓子をふるまう

七五三のお祝い

参拝やお祝いは11月15日前後に行ないます。祖父母を招き、身内でお祝いしましょう。

男の子は3歳、5歳 女の子は3歳、7歳で祝う

七五三は、無事に育ったことを神様に感謝し、今後の健やかな成長を願う行事です。男の子は3歳と5歳、女の子は3歳と7歳で祝います。

従来は数え年で行なっていましたが、満年齢でお祝いするケースも増えています。

身内のお祝いなので、祖父母を招いて神社にお参りして、祝い膳を囲んで食事をします。

◆ 七五三の準備とお参り ◆

11月15日前後の都合のよい日で日程を決めます。レストランの予約もしておきましょう。

子どもの正装は貸衣装が主流です。写真撮影とセットになっており、夏前には予約がはじまっています。

参拝後は子どもが疲れたり、衣装が汚れたりするので、参拝前に撮影するのが一般的です。

祈祷をお願いする場合は、神社に連絡して予約をしましょう。

＊予約不要の神社もあります。

七五三の衣装

【男の子】

紋付羽織に、仙台平の袴《はかま》、白足袋、白い鼻緒の雪駄《せった》、白い扇子に守り刀を身につけます。

【3歳の女の子】

着物に帯は結ばず、被布を重ねることがほとんど。花かんざしの髪飾りや、リボンなどをつけます。

【7歳の女の子】

本裁ちにした友禅の着物に、作り帯、肩あげ腰あげをして、はこせこを胸に、ぽっくりを履き、手には袋物を持ちます。

七五三のご祝儀

【水引】赤白の蝶結び（おもに関東）、あわじ結び（おもに関西）
【表書き】御祝、七五三御祝
【金額】5000～1万円

お祝いをいただいた場合、お返しは不要です。祝い膳でもてなし、記念写真や千歳飴《ちとせあめ》などを贈るとよいでしょう。

まとめ

1. 日にちを決めたら貸衣装と写真館を早めに予約する
2. 写真は参拝する前に撮影する
3. お祝いへのお返しは不要。祝い膳でもてなす

入園・入学・進学祝い

祖父母、おじ・おばの身内で祝います。お祝いは入学準備をしている3月中に贈るのがマナーです。

年齢相応の必需品を贈り、子がお礼の手紙を送る

入園・入学は身内のお祝いなので、祖父母、両親のきょうだいなどの近親者で祝います。入学式の服装は63ページを参考にしましょう。

友人・知人の子どもが入園・入学した際、よほど親しい間柄か、以前お祝いをいただいたという場合を除いて、基本的にはお祝いは必要ありません。会ったときに「おめでとうございます」と、お祝いの言葉を伝えましょう。

入園祝いは義務教育ではないからお祝いをしなくてもよいという意見もあります。もし贈るのなら、相場に見合った額か、クレヨンとスケッチブックや絵本などの品物にしましょう。

入学祝いは、祖父母の場合、ランドセルを贈ることもあるでしょう。ランドセルのほかに学習机なども考えられるので、両家で相談して重ならないようにしましょう。

入園・入学祝いは、入園や入学の準備をする3月中に贈るのがマナーです。

お返しは不要ですが、子どもがお礼の手紙を書いたり、電話をかけるなどして、感謝の気持ちを伝えるようにしましょう。

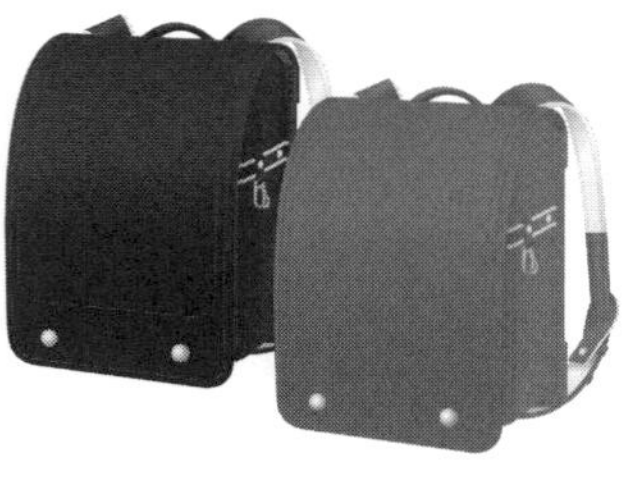

◆ 入園・入学・進学祝いのご祝儀 ◆

【 相場 】

<table>
<tr><th>学年</th><th>祖父母</th><th>おじ・おば</th><th>友人・知人</th></tr>
<tr><td>幼稚園</td><td>5000～1万円</td><td rowspan="2">5000～1万円</td><td>3000～5000円</td></tr>
<tr><td>小学校</td><td>5000～2万円</td><td rowspan="2">5000円</td></tr>
<tr><td>中学・高校</td><td rowspan="2">1～2万円</td><td rowspan="2">1～2万円</td></tr>
<tr><td>大学</td><td>5000～1万円</td></tr>
</table>

◆ よろこばれる贈り物 ◆

【 幼稚園 】

クレヨンとスケッチブック、絵本、積み木などを贈るとよいでしょう。

【 小学生 】

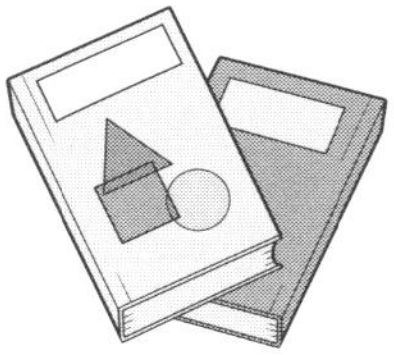

祖父母はランドセルなど。図鑑、鉛筆セット、傘、リュック、図書カードなどもよろこばれます。

【 中学・高校生 】

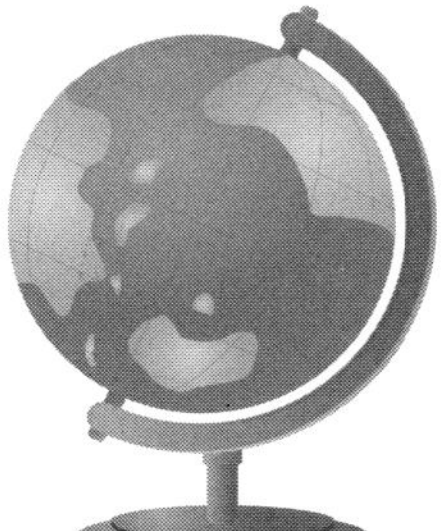

電子辞書、地球儀、定期入れ、腕時計、図書カードなどがよいでしょう。

【 大学生 】

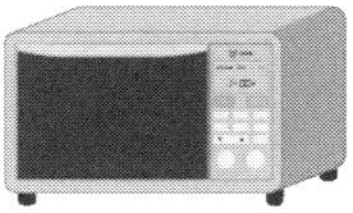

腕時計や万年筆、ひとり暮らし用品などがおすすめです。

まとめ

1. 友人・知人の子どものお祝いは親しい間柄の場合のみ
2. ランドセルや学習机を贈る場合は両家で相談する
3. お返しは不要だが、子どもから感謝の気持ちを伝える

成人・卒業・就職祝い

卒業祝いと就職祝いはまとめてもOK。身内で食事をして、子どもの努力をねぎらいましょう。

成人や就職は身内で祝い、記念に残るものを贈る

卒業祝いは次のステップもあるため、盛大には行ないません。家族で食事をするなど、それまでの努力をねぎらいましょう。

成人祝いや就職祝いは、身内で祝うものです。甥や姪へのお祝いには、時計やアクセサリーなどの小物や現金を贈るとよいでしょう。

卒業祝いと就職祝いはまとめてもかまいません。

◆ 成人・卒業・就職のお祝い豆知識 ◆

男性への贈り物は、時計、ネクタイ、スーツ、ワイシャツ仕立券、ビジネスバッグなどがおすすめです。

女性へは、アクセサリー、ハンドバッグなどがおすすめです。

受験や就職に失敗した場合、卒業祝いとして現金を贈るとよいでしょう。

就職祝いのお返しは本人からしましょう。本人の初月給からささやかな品をお礼状とともに贈ります。

◆ 成人祝い・就職(卒業)祝いのご祝儀 ◆

【成人祝いの相場】

<table>
<tr><th>間柄</th><th>金額</th></tr>
<tr><td>祖父母</td><td>1～10万円</td></tr>
<tr><td>きょうだい</td><td rowspan="2">1～3万円</td></tr>
<tr><td>おじ・おば</td></tr>
<tr><td>その他の親戚</td><td>5000～2万円</td></tr>
</table>

【就職(卒業)祝いの相場】

間柄	金額
祖父母	1～5万円
きょうだい	2～3万円
おじ・おば	1～2万円
その他の親戚	1万円

◆ 卒業式と入学式の服装はここが違う ◆

【卒業式】

ブラック、グレー、紺色など少し控え目な色のスーツで、ひざ丈のものを。パンツスーツでもOKです。パールネックレス、コサージュなどをつけましょう。ストッキングはベージュでもブラックでも服装に合っていればかまいません。

【入学式】

ベージュ、薄ピンク、ホワイト、サックスブルーなど、パステルカラーの明るい色のスーツやツーピースを選びます。

まとめ

1. 卒業祝いは家族で子どもの努力をねぎらう
2. 成人祝いや就職祝いは小物や現金を贈る
3. 就職祝いのお返しは本人の初月給でささやかな品を贈る

結婚記念日

銀婚式や金婚式のお祝いは子ども世代が主催します。近親者を招いて祝いましょう。

銀婚式や金婚式は思い出に残る企画を

結婚記念日は、1年目は紙婚式、50年目は金婚式、60年目はダイヤモンド婚式などと、1年ずつ名称が決まっています。

年をへるにつれて夫婦の絆が強く固くなっていくのにちなんでいます。

結婚25年目の銀婚式と50年目の金婚式には、特別にお祝いをする習慣があります。

子どもたち主催で、食事会などを開いて、お祝いすることが多いようです。

とくに金婚式は、高齢の両親を子どもや孫たちが囲み、みんなでお祝いをするとよいでしょう。祝い方には、しきたりなど決まったものはありません。

金婚式では、金にちなんで、金のスプーンや金色のフォトフレームなどを子どもたちから両親へ贈るほか、夫婦同士で贈りあうことも。

金にこだわらなくても、両親の労をねぎらい、感謝の気持ちを込めてホームパーティーを開いてみてはいかがでしょうか。おいしい料理を囲んだり、みんなで記念写真を撮影したりと、思い出に残る金婚式を企画しましょう。

◆ おもな結婚記念日と贈り物の例 ◆

1年目	紙婚式	レターセット・アルバムなど、紙製品。
2年目	綿婚式	綿のクロスやハンカチ、シャツなど。
3年目	革婚式	靴やバッグ・ベルトなど、革製品。
4年目	花実婚式	花束。
5年目	木婚式	額縁などの木製品や鉢植えの木、観葉植物。
6年目	鉄婚式	鉄の調理器具などの鉄製品。
7年目	銅婚式	銅製のタンブラーなど、銅製品。
8年目	ゴム婚式	おしゃれなゴム長靴など。
9年目	陶婚式	茶碗や煮物用の鉢など、陶器製品。
10年目	錫《すず》・アルミニウム婚式	錫のアクセサリーなど。
11年目	鋼鉄婚式	鍋や包丁を新調。
12年目	絹・麻婚式	絹のスカーフや麻のシャツなど。
13年目	レース婚式	レース編みの敷物やハンカチーフなど。
14年目	象牙婚式	アクセサリーや置物などの象牙製品。
15年目	水晶婚式	水晶そのものやアクセサリー、時計などの水晶を使用した製品。
20年目	磁器婚式	調理器具や食器、置物など。
25年目	銀婚式	フォークやスプーン、アクセサリーなどの銀製品。
30年目	真珠婚式	アクセサリーなどの真珠製品。
35年目	珊瑚《さんご》婚式	珊瑚の置物やアクセサリーなど。
40年目	ルビー婚式	ルビーをはめ込んだ指輪やネックレスなどのアクセサリー。
45年目	サファイア婚式	サファイアを使用したアクセサリーなどの装飾品。
50年目	金婚式	金の装飾品はもちろん、金箔入りのお酒など。
55年目	エメラルド婚式	エメラルドを使ったアクセサリーなど。
60年目	ダイヤモンド婚式	ダイヤモンド製品。
65年目	ブルーサファイヤ婚式	ブルーサファイヤ製品。
70年目	プラチナ婚式	プラチナ製品。

＊名称は複数ある場合があります。

昇進・栄転・定年退職祝い

昇進・栄転祝いは状況を見極めて行ないます。定年退職祝いは、家庭で労をねぎらうイベントを。

周囲に気を配り昇進・栄転を祝う

昇進や栄転を社内で祝う場合は、正式に辞令が出てから、お祝いの言葉をかけます。昇進しない人など周りに気を配り、派手にならないようにしましょう。

上司へのお祝いは、現金では失礼にあたるので、記念品や商品券などにしましょう。

社宅など配偶者どうしのおつきあいも同様に、周囲に気配りしてお祝いの言葉を伝えます。

家族では子ども主体で定年退職を祝う

定年退職のお祝いは、会社や部署の慣例に従って行ないましょう。

本人は、さびしさや不安を感じるもの。「ゆっくりお過ごしください」より、「今後もご指導ください」と前向きな言葉をかけましょう。

家庭でも長年家族のために働いてきてくれた労をねぎらいましょう。子どもが主体となり、父親だけでなく母親にも感謝を込めて、記念品を贈ったり、食事会を開いたりするとよいでしょう。

送別会と定年退職祝い

【会社のおつきあいでの送別会】

送る側は送別会を開き、招かれた退職者・転任者はハンカチなどを贈るのが一般的です。

【家庭でのお祝い】

子どもや妻(夫)が、食事会を開いたり、家族からの手紙やメッセージを添えた記念品を贈ったりします。

お祝いの相場と贈り物

【昇進・栄転祝いの相場と記念品】

仕事でも使える腕時計や万年筆などがよろこばれます。相場はひとり3000円または複数人で3万円程度です。

【定年退職祝いの相場と記念品】

お酒が好きな人にはワインなどのアルコール類がよろこばれます。旅行券をプレゼントするのもよいでしょう。相場はひとり3000円または複数人で3万円程度。相手との関係性によって決めましょう。

まとめ

1. 上司に現金を贈るのはNG。記念品や商品券を贈る
2. 家族での定年退職を祝うときは感謝のメッセージを添える
3. 定年退職のお祝いには、嗜好品や趣味に関連するものを贈る

開店・開業祝い、個展・発表会のお祝い

開店・開業祝いには、火事や赤字などを連想する品物は避けます。個展・発表会には花を贈ります。

足を運ぶのが何よりのお祝い

知人や友人が開店・開業したり、習いごとの先生などが個展や発表会を開いたりするときは、足を運ぶのが何よりのお祝いになります。

開店・開業のお祝いには、縁起物を贈るしきたりがあります。たとえば、招き猫、生花（スタンド花）、時計、名入れ鏡などです。お店や事務所の雰囲気に合う物を選びましょう。ほかの人と重複しないように、本人の希望を聞くとよいでしょう。現金を贈っても失礼にはあたりません。

開店・開業祝いのパーティーなどに招待され、都合で欠席する場合は、祝電やお祝いのメッセージを贈り、後日お祝いの品を届けましょう。

招待客へのお返しは不要ですが、内祝いとして店や事務所の名前や住所が入った実用品を贈るのが一般的です。

個展や発表会のお祝いは、友人や生徒仲間のグループで、スタンド花を贈るとよいでしょう。会場によっては置けない場合もあるので、あらかじめ会場に確認しましょう。

個人で贈る場合は、花束や菓子折りなどを当日持参するとよいでしょう。

◆ 開店・開業のお祝いのマナー ◆

【 相場 】

関　係	金　額
取引先	1～5万円
友人・知人	5000～1万円
親・子ども	3～5万円
きょうだい	2～3万円
親戚	1～3万円

開店・開業祝いでよろこばれるのは、現金、商品券、花(スタンド花、胡蝶蘭など)、時計などの調度品、招き猫などの縁起物です。

キャンドルやライター（火にまつわる物)、赤いスリッパや赤い花などの赤い品物(赤字につながる)、洗剤などの水関連の物(流れるの意味から)はNGです。

◆ 個展・発表会のお祝いのマナー ◆

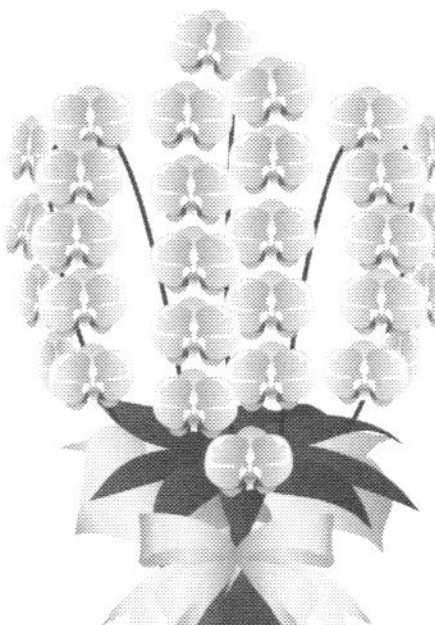

個展・発表会のお祝いの贈り物には、生花(スタンド花、花束、花かごなど)、菓子折り(生ものはNG)がおすすめです。

まとめ

1. 招待客へのお返しは不要。ただし内祝いを贈るのが一般的
2. 習い事の先生の個展・発表会では生徒が生花を贈る
3. 開店・開業祝いには赤い物、火に関連するものはNG

長寿のお祝い

還暦は家族で祝います。70歳の古《こ》稀《き》からは、近親者を招き大々的にお祝いの会を開きましょう。

本人の体調を考慮しなごやかで楽しい会を

長寿のお祝いは、満60歳の「還暦」が最初です。「60歳はまだ現役！」と、盛大に祝うことを嫌い、家族だけで祝うケースも増えています。

近親者が集《つど》い祝い膳を囲む本格的な長寿のお祝いは、70歳の「古稀」からが多いようです。

本人の体調を考慮して、楽しいお祝いの会になるようにしましょう。

◆ それぞれの色にちなんだ贈り物 ◆

【還暦】

還暦では、赤色の物を贈ります。ちゃんちゃんこなどは本人が嫌がる場合も。Tシャツ、バッグなどでもOKです。

【古稀・喜寿】

古稀・喜寿では、紫色の物を贈ります。紫色の花束、Tシャツ、ポロシャツ、ベストやハンドバッグなどがおすすめです。

【米寿】

米寿では、金色・黄色の物を贈ります。黄色いちゃんちゃんこ、帽子、花束、ベストやセーターなどがいいでしょう。

ミニアルバムに写真とメッセージカードを入れて渡すのもおすすめです。子どもたちでお金を出しあって旅行券をプレゼントすることもあります。

◆長寿の名称と由来◆

数え年齢とは、生まれてから関わった暦年の数で年齢を表わす方法です。
生まれた年を1歳とし、以降すべての人がお正月に1歳年をとります。

数え年齢	名称	由来
61歳	還暦	生まれた年の干《え》支《と》に戻ることから。
70歳	古稀（古希）	唐の詩人・杜甫の「人生七十古来稀なり」に由来。
77歳	喜寿	「喜」のくずし字の、七十七と読める形から。
80歳	傘寿	「傘」のくずし字の、八と十を重ねた形から。
81歳	半寿 盤寿	「半」の字をくずすと、八、十、一に分かれることから。将棋盤のマスの数が9×9＝81であることから。
88歳	米寿	「米」の字をくずすと、八、十、八に分かれることから。
90歳	卒寿	「卒」のくずし字「卆」が九十と読めることから。
99歳	白寿	「百」から横線の「一」を取ると「白」になることから。
100歳	百寿 紀寿	100年＝一世紀を表わす「紀」から。
108歳	茶寿	「茶」の字の草かんむりがふたつの十で二十、下が八、十、八に分かれることから二十と八十八を足して。
111歳	皇寿	「皇」は「白」と「王」に分かれる。「白」は、「百」から「一」を取ると「白」になるので99歳を表わし、「王」は「十」と「二」に分けることができる。ゆえに99歳と十と二を足して。

まとめ

1 還暦のお祝いは家族だけで行なう場合が増えている
2 古稀以降は近親者を招いてお祝いの会などを開く
3 高齢の本人の体調を考慮して無理のないお祝いを考える

新築・増築・引っ越しのお祝い

家に招かれたときにお祝いを贈ります。火を連想させるものはNG。お返しはおもてなしでOK。

お祝い品は訪問時に持参 大物は前日までに届ける

新築祝いは、親戚や友人が家を新築し、新築披露に招かれた場合に贈ります。お祝いの品は、前日までに届くように送るか、当日持参しましょう。

新築祝いのお返しは不要で、招待しておもてなしをすればよいとされています。

新築だけでなく、改築や増築、マンションの購入などの際も、招かれたときにはお祝いを持参しましょう。

お祝いの品は、インテリアや家具は好みが分かれるので避けます。キッチン用品、バス用品、洗剤を入れるすてきな容器や観葉植物、お酒などを贈るとよいでしょう。

キャンドルやカセットコンロなど、火を連想させる物はNGです。ほかにも適さない贈り物があるので注意しましょう。

新築や増改築の際には、家具をそろえるなど何かとお金がかかるものです。お祝いに現金を贈ってもよろこばれます。

招待していない方からお祝いをいただいたら、内祝いとして、その半額ぐらいのものを贈るとよいでしょう。

◆ 新築祝いの贈り物 ◆

【 よろこばれる品 】

観葉植物、プリザーブドフラワー、花びんや重箱などの入れ物は縁起がいいとされています。現金、商品券を贈るときの相場は、5000〜2万円です。酒類は、日本酒、ワイン、シャンパンなどがおすすめです。

【 NGの品 】

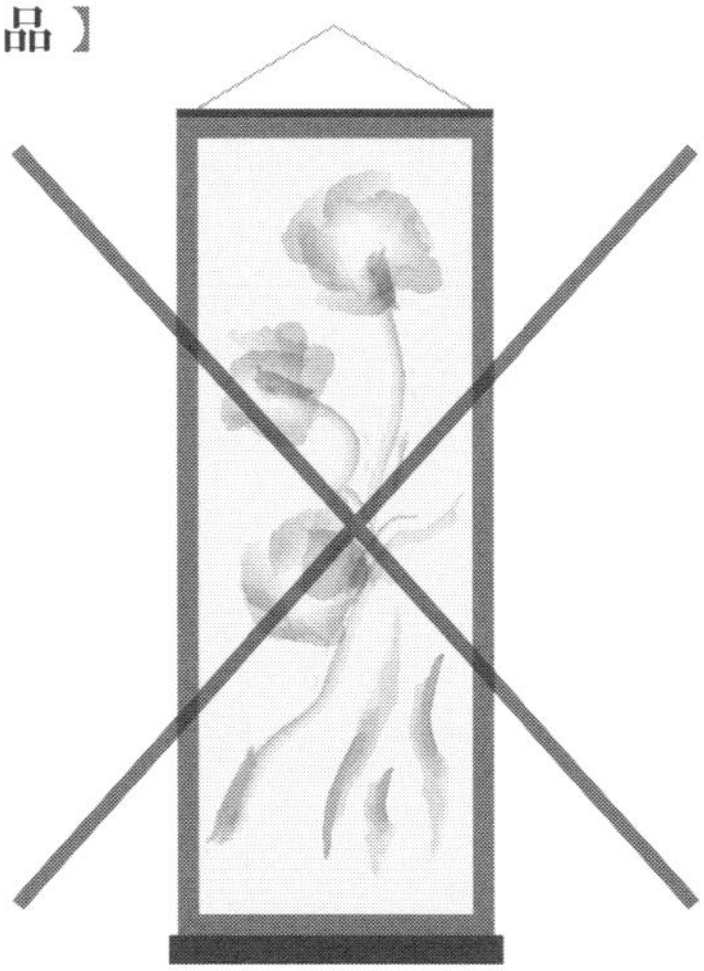

赤い花、赤い花びん、赤いカップなどの赤いものは避けます。赤い包装紙もNGです。
火を使う、カセットコンロ、キャンドル、ライターなども避けます。絵画、掛け軸など、好みが分かれる物は避けたほうが無難です。

まとめ

1. お祝いの品は訪問時に持参、もしくは前日までに配送する
2. お返しは不要。新居に招待しておもてなしをする
3. 「火」を連想させる贈り物は避ける

お餞別《せんべつ》

転居・転勤、退職、旅行の際にお餞別を贈ります。新婚旅行には結び切りののし袋を使いましょう。

送別の気持ちを込めて贈る お返しは必要なし

お餞別は、遠くへの転居や転勤、退職、旅行などをする人に贈ります。上司に対して、個人名でお餞別を贈るのは失礼にあたるため、職場の部署名などで贈りましょう。個人で贈る場合は、目上の人には「**一路平安**」、目下の人には「**おはなむけ**」という表書きにしましょう。

お餞別をもらったら、お礼の手紙を送ります。

状況に合わせてのし袋を選ぶ

転居、転勤、旅行の場合は、蝶結びの赤白の水引を選びます。

新婚旅行、結婚退職の場合は、水引が結び切りののし袋を使いましょう。

留学、修学旅行の場合は、赤線ののし袋を使いましょう。

連名にする場合は3名まで。大勢のときは、代表者名の横に「外一同」などと書き、お金包みの中に名前を書いたものを入れます。

◆ お餞別の相場と品物 ◆

【 相場 】

関係	金額
友人・知人	3000～1万円
親戚	1～3万円
きょうだい	5000～1万円
隣近所	3000～5000円

＊海外転居・転勤は高めの額にします。

【 退職など 】

退職する人には花束を贈るのが一般的です。

【 転居、転勤 ・ 転職 】

引っ越したり、転勤・転職したりする人へは、家庭用品、ステーショナリー、お菓子などを贈るとよいでしょう。

◆ お礼の挨拶文の例（転居） ◆

拝啓
新緑の候、
その後、お元気でいらっしゃいますか。

◯◯様には大変お世話になり、
心から感謝いたしております。

また、先日は心のこもった送別会を開いていただきまして、ありがとうございました。

お餞別までいただき恐縮しております。

早いもので、□□に住みはじめてからひと月が経ちようやくこちらの生活にも慣れてきました。

お近くにお越しの際は、ぜひお立ち寄りください。

◯◯様のご健勝とご発展をお祈り申し上げます。

敬具

まとめ

1. 表書きは目上の人には「一路平安」、目下の人には「おはなむけ」
2. 結婚退職や新婚旅行のお餞別は結び切りののし袋を使う
3. 転居の場合、お餞別のお返しは不要。お礼の挨拶を手紙で送る

「お祝いのお返しはいらないといわれたのですが……」

内祝いの代わりに手土産やプチギフトを贈る

　内祝いは幸せのおすそわけで、もともとお返しではなく、家に招待して飲食をともにすることです。地方によっては、内祝いをしないことを片祝いといい、縁起が悪いとされています。お返しはいらないといわれても、かならずお礼状は送りましょう。

　両親や親戚には、訪問したときに手土産を持参して内祝いの代わりにするとよいでしょう。友人や同僚には、小物をプレゼントしたり、食事に招いたりします。上司や目上の人に、内祝いを贈っても失礼にはあたりません。

PART
4

結婚のお祝い

招待される側

招待状の返信

出欠の返信には祝辞を添えます。欠席するときは、お詫びと理由も書きましょう。

メールで連絡をしても返信ハガキはかならず送る

結婚式や披露宴の招待状が届いたら、早めに返信しましょう。招待状が届く前に親しい友人や親戚から連絡をもらった場合、メールや電話で返事をしていても、かならず同封の返信用ハガキを郵送しましょう。ハガキには、お祝いの言葉をひと言添えるのがマナーです。

欠席の場合は、お詫びと理由、お祝いの言葉を書きます。

返信ハガキに添える文例

【出席の場合】

- ご結婚おめでとうございます
  おふたりの晴れの門出に立ち会わせていただくことを楽しみにしております
- おめでとうございます
  お招きいただきましてありがとうございます
  よろこんで出席させていただきます
- ご結婚おめでとうございます
  ○○さんの花嫁姿を楽しみにしております

【欠席の場合】

- ご結婚おめでとうございます
  あいにくやむを得ない事情で出席がかないません
  おふたりの幸せをお祈り申し上げます
- ご結婚おめでとうございます
  せっかくお招きをいただきましたがどうしても都合がつかず出席することができません
  末永い幸せをお祈り申し上げます

※弔事、病気やけがなどで欠席する場合は、「やむを得ない事情」などと、ぼかして書くのがマナーです。

返信ハガキの正しい書き方

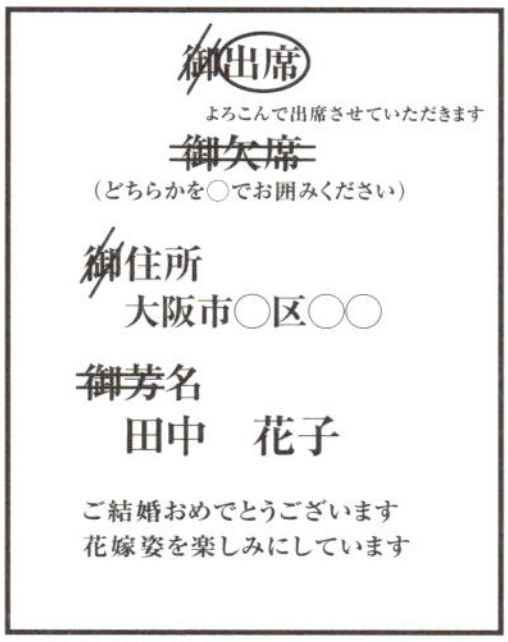
御出席
よろこんで出席させていただきます
御欠席
（どちらかを○でお囲みください）
御住所
大阪市○区○○
御芳名
田中　花子
ご結婚おめでとうございます
花嫁姿を楽しみにしています

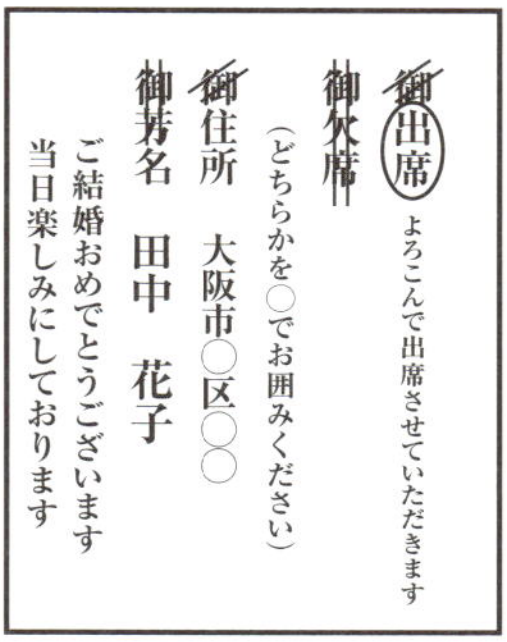
御出席
よろこんで出席させていただきます
御欠席
（どちらかを○でお囲みください）
御住所　大阪市○区○○
御芳名　田中　花子
ご結婚おめでとうございます
当日楽しみにしております

【出席】

出席に○をつけたら、「御欠席」は二重線で消します。「御出席」「御住所」の「御」、「御芳名」の「御芳」も消しましょう。相手の書いてきた字を利用せずに、「よろこんで出席させていただきます」と書きます。さらにお祝いのメッセージを書き足しましょう。

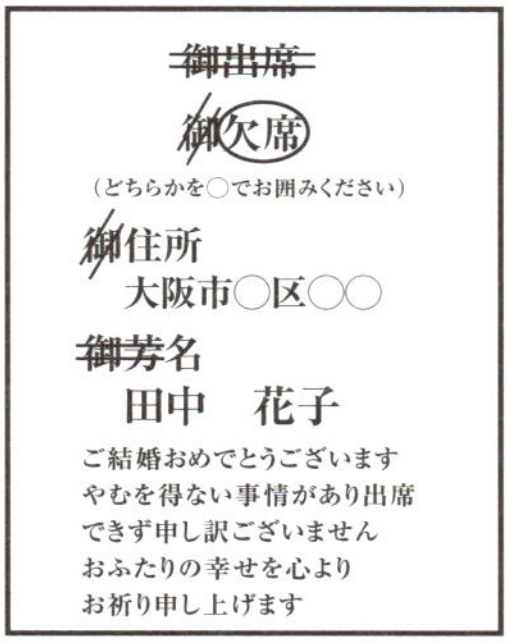
御出席
御欠席
（どちらかを○でお囲みください）
御住所
大阪市○区○○
御芳名
田中　花子
ご結婚おめでとうございます
やむを得ない事情があり出席
できず申し訳ございません
おふたりの幸せを心より
お祈り申し上げます

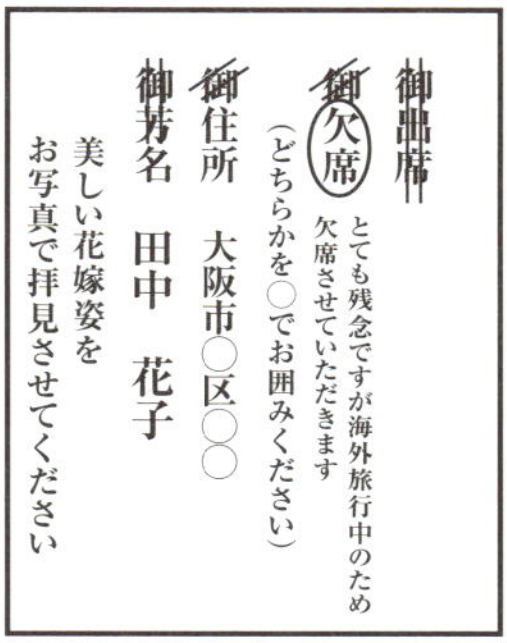
御出席
御欠席
とても残念ですが海外旅行中のため
欠席させていただきます
（どちらかを○でお囲みください）
御住所　大阪市○区○○
御芳名　田中　花子
美しい花嫁姿を
お写真で拝見させてください

【欠席】

欠席に○をつけたら、「御出席」は二重線で消します。そのほかは出席の場合と同じです。弔事の場合は出席できない理由を、ぼかして書きましょう。

□□□-□□□□
東京都○○区
田中　花子
様
寿

【行の消し方】

二重線で消す方法のほかに、赤字で「寿」と書く方法もあります。

まとめ

1. 招待状が届いたら返信は早めに
2. 返信にはお祝いのひと言を添える
3. 弔事や病気などで欠席する場合は理由をぼかして書く

招待される側

祝電・ご祝儀

祝電を新婦に送る場合、宛名は旧姓で。披露宴1時間前までには届くようにしましょう。

祝電は24時間ネットで受付 結婚祝い専用のものを選ぶ

招待状をいただいたのに、やむを得ない事情で欠席する場合には、祝電でお祝いのメッセージを送りましょう。

電報は24時間インターネットで受け付けています。結婚祝い専用の花や、ぬいぐるみがついている華やかなものを選ぶとよいでしょう。

宛名は新郎新婦の連名か、どちらか一方の姓名のみでもかまいません。新婦宛てには旧姓で送るのが一般的です。

午前中の披露宴の場合は、前日に式場へ届くように手配します。前日に受け取れない式場もあるので、事前に式場へ確認しておくと安心です。

披露宴が午後からの場合は、遅くとも披露宴の1時間前までに届くようにしましょう。

電報を打つ際に気をつけたいのが忌み言葉。左記の言葉は招待状の返信やスピーチなど結婚に関するすべてのシーンで使わないように注意します。

ご祝儀はあわじ結びの 祝儀袋に入れる

ご祝儀は、当日会場に持参するのが主流ですが、できれば前もって本人に渡しましょう。のしつきのあわじ結びや華やかな飾りのついた水引の祝儀袋を使い、新札を入れましょう。

結婚式や披露宴に欠席する場合には、ご祝儀を式の前に現金書留で送ります。お祝いのメッセージを添えることも忘れずに。

◆ おもな忌み言葉 ◆

あ行	相次いで／飽きる／浅い／褪せる／痛ましい／色褪せる／いろいろ／失う／薄い／憂い／お釈迦／衰える／終わる
か行	返す／帰る／欠ける／重ねる／変わる／消える／去年／嫌い／切れる／九／朽ちる／くり返し／苦しい／断わる／壊れる
さ行	最後に／再度／裂く／冷める／さらに／去る／四／死ぬ／しばしば／しまう／退く／葬式
た行	絶える／倒れる／たびたび／散る／次々／出る／遠のく／閉じる／途絶える／弔う／とんだこと／とんでもない
な行	なお／流れる／泣く／亡くなる／逃げる
は行	果てる／放す／離れる／冷える／伏す／ふたたび／ほころびる／仏／ほどける／滅びる
ま行	参る／負ける／ますます／またまた／戻る
や行	破る／病む／弱る
ら行	離婚／離縁
わ行	別れる／割れる

◆ ご祝儀の相場 ◆

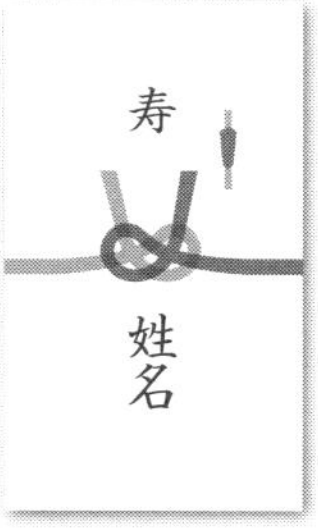

【水引】あわじ結び（おもに関西）、結び切り（おもに関東）
【表書き】寿

関係（披露宴に出席）	金額
きょうだい（夫婦ふたりで）	10万円～
伯父伯母・叔父叔母	5～10万円
いとこ	3万円～
祖父母	5万円～
友人・知人	2～3万円

関係（披露宴に欠席）	金額
親戚	1～3万円
友人・知人	5000～1万円

まとめ

1. 祝電は披露宴の前日か遅くとも1時間前までに届くよう手配
2. ご祝儀は、あわじ結びの祝儀袋に新札を入れる
3. 祝電や式当日など「忌み言葉」に気をつける

招待される側

結婚祝いの贈り物の選び方

希望を聞くか、新婚生活にふさわしい生活用品を選ぶのがおすすめ。招待状が届いてから贈ります。

結婚式の1週間前までに贈り物を届ける

結婚のお祝いに、記念に残る物を贈りたいという場合は、招待状が届いてから、結婚式の1週間前までに贈るようにしましょう。

親しい間柄なら、希望を聞いておくと、ほかの人と重複するのを防ぐことができます。

希望を聞くことができない場合は、新しい生活をはじめるにあたってそろえなければならない日用品を贈るとよろこばれるでしょう。

ただし、忌み言葉（81ページ）から連想されるものは、贈らないほうがよいとされているので注意しましょう。

贈り物を渡す日は縁起のよい日を選ぶ

贈り物を持参して渡す場合は、大安や友引などの縁起のよい日を選んで訪問します。

もちろん宅配便で送っても失礼にはあたりません。その際は、お祝いの言葉を書いたメッセージカードを添えて送るとよいでしょう。

結婚祝いの品物のマナー

【水引】 あわじ結び、輪結び、結び切り
【表書き】寿、御結婚御祝

【目録の書き方】

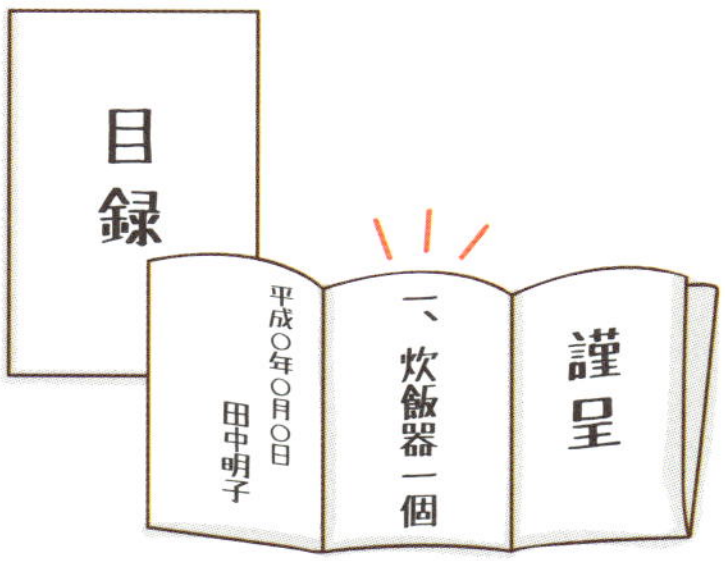

祝いの品が大きく持参できないときは、目録をつくって渡すようにします。

【よろこばれる品】

バスタオルなどのリネン類、掛け時計、おしゃれな電化製品、フォトフレームなどが人気です。

【選んではいけない品】

刃物、日本茶、ハンカチなどは避けるのが無難です。割れ物もNGとされていましたが、最近はペアグラスなどを贈ることもあります。

まとめ

1. 招待状が届いてから、結婚式の1週間前までに贈る
2. 希望を聞いて贈るか、日用品を贈る
3. 忌み言葉を連想させる、刃物などは避ける

招待される側

男性招待客の装い

招待客は準礼装がマナーです。ブラックスーツは昼夜問わず対応できます。ネクタイはシルバーなどに。

ポケットチーフやベストでフォーマル感を出す

男性の昼間の正礼装はモーニング、夜は燕尾《えんび》服です。これらは新郎や新婦の父親が着用するもので、招待客は遠慮してひとつ格下の準礼装で出席するのが一般的です。

会場が格式の高いところで、昼間に出席する場合、上司や主賓などは、ブラックスーツより格上の、ディレクターズスーツを着用してもよいでしょう。

一般的な男性の招待客の服装の主流は、ブラックスーツです。夜の結婚式や披露宴にも対応できるので、一着あると便利です。スーツはシングルでもかまいません。ベストを着ると、より一層フォーマルな装いになります。

礼装用のポケットチーフを着用するのが正装の基本です。

シャツは白を着用し、ダブルカフスが望ましいでしょう。ダブルカフスが難しい場合はシングルでもかまいません。

ネクタイはシルバー、シルバーグレーまたは白黒のストライプ、靴下は黒、靴も黒の革靴を着用します。

「平服でＯＫ」というパーティー形式の披露宴などの場合でも、ブレザーなどのジャケットを着用しましょう。

◆ 男性招待客の準礼装 ◆

【ブラックスーツ】

ほとんどのフォーマルシーンに着ることのできるスーツです。

【ディレクターズスーツ】

ネクタイはシルバー、シルバーグレー、白黒のストライプなどにします。
かならずポケットチーフを着用します。
シャツはジャケットから出るようにします。
靴は黒の革靴が無難です。

パンツはグレーのストライプパンツ（コールパンツ）です。

まとめ

1 ブラックスーツかディレクターズスーツを着用
2 ネクタイはシルバーやシルバーグレー、白黒のストライプを着用
3「平服で」というときも、ブレザーなどの上着を着用する

招待される側

女性招待客の装い

招待客は、派手すぎず地味すぎない装いで、主役の新婦を引き立てましょう。

昼間は控え目に夜は上品で華やかに

新郎新婦と親族が正礼装で、招待客は格下の準礼装です。

和装の場合、既婚者は訪問着か色留袖、未婚者は中振袖を着ます。

洋装の場合は、昼間は肩や胸元など肌の露出を控え、ひざ丈かセミロングのワンピースやツーピースを着ましょう。夜はイブニングドレスですが、肩を出さず、上品に装います。

アクセサリーや小物の選び方

洋装の場合、昼間はパールなどの上品なものを選び、夜は宝石やゴールドなどのキラキラと光るものを選びましょう。和装の場合は、ネックレスやイヤリングはつけません。

靴は、ヒールが3cm以上あるものを履きましょう。ミュールやブーツはNGです。

洋装のバッグは、小ぶりなものを選びます。紙袋は、有名なブランドのものでもNGです。

和装のバッグは、金銀をあしらったものや錦のもの。着物に似合えば、洋装のバッグでもかまいません。

和装と洋装の装いのポイント

【和装】

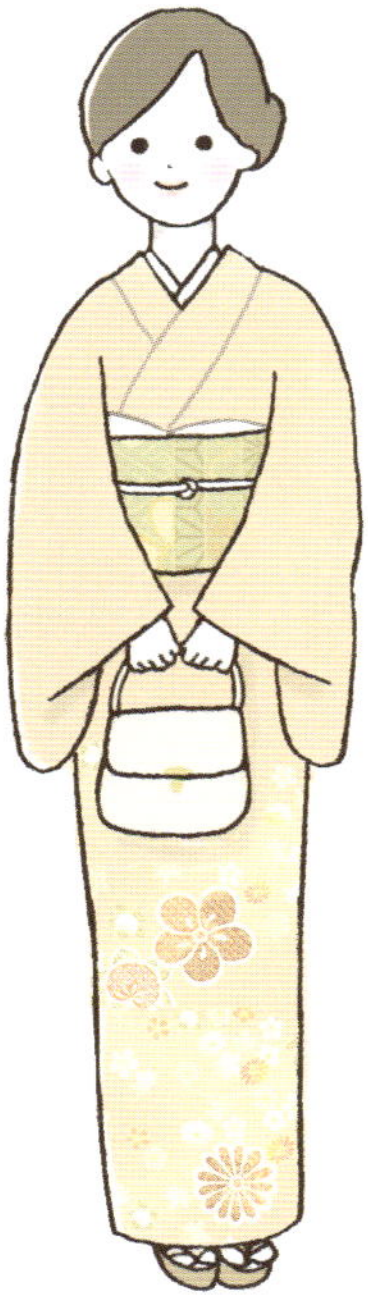

未婚者は中振袖を、既婚者は色留袖や訪問着を着ます。訪問着は華やかな色・柄で、帯は錦織の袋帯など、格調の高いものを選びましょう。黒留袖は新婦の親族のみが着用します。

【洋装・昼】

昼の披露宴では、肌の露出を控え目にします。ボレロや上着を着用しましょう。とくに教会での挙式の際、肌の露出はNG。上から羽織れるものを用意しましょう。

【洋装・夜】

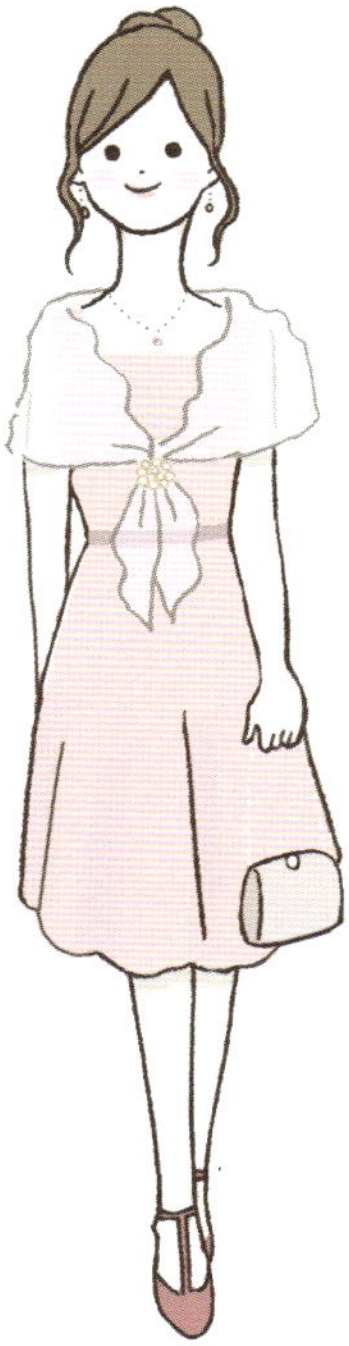

シルク、サテンなど光る素材のものを選ぶと、より豪華な印象になります。少し肌の露出が多めでもOK。白っぽく見える衣装は、ウエディングドレスと色が重なってしまうので避けましょう。

まとめ

1. 招待客の和装は準礼装の訪問着など。黒留袖は親族が着る
2. 昼間はボレロや上着を着用して肌の露出は控える
3. アイボリー、シルバーなど白っぽく見える1色の装いはNG

招待される側

受付・控室でのふるまい

時間に余裕をもって受付をすませ、控室では周りの人となごやかに会話をしましょう。

受付前に身じたくを整え 控室では周囲に気配りを

式や披露宴に出席する場合は、遅くとも20分前には到着しましょう。早めに着き、余裕をもって着替えやお化粧直しなど身だしなみを整えるのもマナーのひとつです。

式場に着いたら、パーティーバッグ以外の荷物やコートは、クロークに預けます。

受付ではまず、「本日はおめでとうございます」とお祝いの言葉を述べましょう。

ふくさから取り出したご祝儀袋(16ページ)を受付で渡し、芳名帳への記入はフルネームで丁寧に書きます。

控室では、たとえ知り合いがいなくても、だまって下を向いているのはマナー違反。面識がない人とも、お祝いの席にふさわしく、明るい話題で会話を交わしましょう。

知人が多いと、テンションが上がり大声になりがちなので、内輪だけで盛り上がらないように気をつけましょう。

結婚式や披露宴前なので、ウェルカムドリンクや茶菓はいただきすぎないようにします。

控室は席数が限られています。高齢者などに席を譲るなどの気配りも忘れずに。

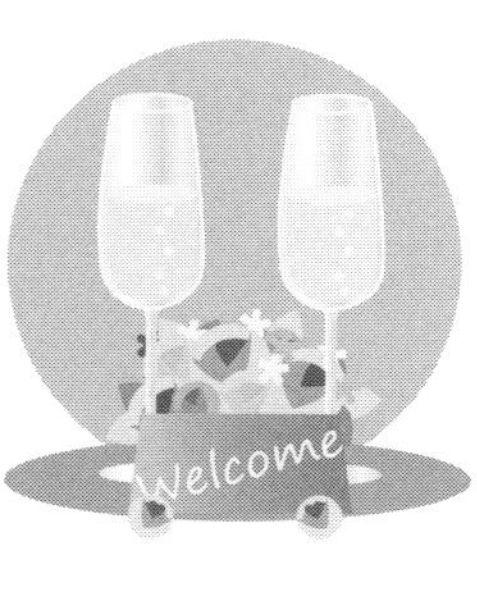

◆ 控室でのマナー ◆

周りの人となごやかな会話を心がけましょう。新郎新婦の評判を落とすような話はしないようにします。

新郎新婦の親族と会うことがあります。もし新郎新婦の両親と顔を合わせたら、お祝いの言葉と招待のお礼を述べましょう。初対面の場合は、軽く自己紹介をします。

出されるお菓子や飲み物は遠慮なくいただくのがマナー。ですが、披露宴での食事のことも考えてほどほどにしましょう。

まとめ

1. 時間に余裕をもって着くようにして身だしなみを整える
2. 控室で親族に会ったら、お祝いの挨拶をする
3. 結婚式や披露宴前の飲み物や茶菓はほどほどに

招待される側

結婚式・披露宴でのふるまい

結婚式ではしきたりに従い厳《おごそ》かに。披露宴では同席者に会釈をして着席し、適宜拍手をしましょう。

同席者と会話をするなど気配りも大切なマナー

結婚式は神前式、仏式、教会式などさまざま。いずれも神聖な儀式なので、厳かな気持ちでのぞみましょう。

披露宴では、席に着いたら隣や前の人に会釈をします。

新郎新婦の入退場、スピーチ、余興の前後では、拍手をするのがマナーです。食事に夢中にならず、周囲と会話をするなどの気配りが大切です。

◆ 結婚式でのマナー ◆

【神前式】

お祓いのあと、斎主に合わせて全員で一礼します。

お神酒《みき》は三三九度のように三口で飲みます。飲むまねでもかまいません。

【教会式】

バージンロードは神聖な場所。出席者が足を踏み入れるのは厳禁です。

聖歌や讃美歌は起立して、一緒に歌いましょう。

披露宴でのスマートなふるまい

バッグは背もたれと腰の間に置きます。背もたれに背中をつけないように座ります。

同席の人には会釈をしましょう。

スピーチや、新郎新婦の入退場の際には拍手をすることを忘れずに。

グラスを合わせての乾杯はしません。原則的にはお酌《しゃく》は不要です。

まとめ

1. 挙式ではしきたりに従い、厳かにふるまう
2. 披露宴では同席者には会釈をして、会話をする
3. グラスを合わせた乾杯はNG。お酌は原則的にはしない

招待される側

披露宴が終わったら

同席者に軽く挨拶をして、すみやかに席を立ちます。両家の両親や新郎新婦への挨拶は手短に。

新郎新婦への挨拶はお礼とお祝いを伝える

披露宴が終わったら、退席の支度をしましょう。引き出物がテーブルの下に用意されているので、席次表、席札、メニューなどを一緒にしまいます。

ナプキンは軽くたたんで、テーブルの上に置きましょう。

席を立つタイミングはそのテーブルで年上の人が立ってから。同席者に「お先に失礼します」と言葉をかけて、軽く会釈をしましょう。

新郎新婦の両親には、「本日はおめでとうございます。お招きありがとうございました」などと挨拶をします。

新郎新婦は見送りのため、出口に立っています。新郎新婦には、招待へのお礼を伝え、改めてお祝いの言葉をかけるとよいでしょう。

親しいあまりに、長話になるのはマナー違反。後ろに控えている人たちの迷惑になるので、「今度ゆっくりお話ししましょうね」と伝え、その場では手短にすませましょう。

見送り後の新郎新婦との記念写真も、独占することなく迅速にするように心がけることも大切です。

◆ 披露宴のあとのふるまい ◆

❶ 席札や席次表、メニューなどを引き出物と一緒にしまいます。

❷ 同じテーブルを囲んでいた人たちに、軽く挨拶をします。

❸ 新郎新婦への挨拶は手短にします。高齢者に先を譲りましょう。

❹ 写真撮影は迅速にしましょう。

まとめ

1 席札や席次表、メニューなどは引き出物と一緒に持ち帰る
2 同じテーブルで年上の人が立つのを待ち、同席者に挨拶をしてから席を立つ
3 新郎新婦への挨拶は手短にすませる

招待される側

披露宴を手伝う

係を頼まれている場合は、当日は早めに到着しましょう。無理な場合はすぐに辞退を。

係はできるだけ引き受ける 仲人は新婦の付添の役目も

披露宴では、受付、司会、撮影などの係があります。もし、頼まれたらできるだけ引き受けましょう。ただし、司会は披露宴を進行する大役です。無理なときにはすみやかに辞退しましょう。

仲人《なこうど》を頼まれた場合、女性は新婦の付添をする役目もあります。新婦が困らないような気配りが必要です。

◆ 受付の仕事の流れ ◆

❶ 1時間前には会場に入り、会場の下見と準備をしておきましょう。受付がはじまったら「本日はご出席ありがとうございます」と挨拶し、ご祝儀を受け取ります。

❷ ご祝儀を受け取ったら、芳名帳への記入を促します。

❸ 記入が終わったら席次表を渡します。受付が終わったら、預かったご祝儀袋と芳名帳を指定の人に渡します。

司会・撮影係・仲人の仕事

【司会】

司会は披露宴の進行や新郎新婦の紹介、祝電の披露を行ないます。事前に新郎新婦や会場スタッフと打ち合わせしましょう。

【撮影係】

挙式や披露宴の様子をカメラやビデオにおさめます。押えてほしいカットや、タイミングなどを事前に新郎新婦と打ち合わせしておくと安心です。

【仲人】

披露宴で仲人（媒酌人《ばいしゃくにん》夫人）は花嫁の母親代わりとなって、花嫁をエスコートします。

まとめ

1. 受付係は披露宴1時間前には準備をはじめる
2. 司会を引き受けられない場合は、すみやかに辞退の連絡をする
3. 仲人（媒酌人夫人）には新婦の付添の役目がある

招待される側

スピーチ・余興を頼まれたら

スピーチも余興も3分におさめ、余興は、特定の年代だけしか楽しめないものは避けます。

スピーチは原稿をつくり余興は練習しておく

スピーチを頼まれたら、何を話してよいのか迷う人も多いのでは?

スピーチの心得として、3分以内におさめること、また、「別れる」「ふたたび」などの忌み言葉(81ページ)に注意することのふたつが挙げられます。

あらかじめ原稿をつくっておくと、当日スムーズにスピーチすることができます。

原稿をつくる際には、以下のような組み立てを参考にするとよいでしょう。

①お祝いの言葉
②自己紹介
③新郎新婦の人柄・エピソード
④はなむけの言葉
⑤結びの挨拶

原稿ができたら、声に出してゆっくりと読み、時間を計ってみましょう。

余興も3分以内におさめます。本番に備え練習を怠《おこた》らないこと。幅広い年代が楽しめるようなゲームや歌など、会場がなごやかな雰囲気になるものを選びましょう。

余興の具体例

【ビデオメッセージ】

会場全体が楽しめるビデオメッセージを用意するとよいでしょう。

【歌】

幅広い年代が楽しめる、みんなが知っている曲を歌うと盛り上がります。

【クイズ】

新郎新婦にまつわるクイズは会場全員が参加することができます。

【手品】

手品や大道芸などは目を引き、会場に一体感が生まれるでしょう。

まとめ

1. スピーチは原稿をつくり、3分以内にまとめる
2. 忌み言葉に気をつける
3. 余興は3分以内におさめるように練習を

招待される側

スピーチの例文

原稿を作成したら、忌み言葉が使われていないか確認しておくと安心です。

友人なら学生時代、同僚なら職場での話をする

スピーチを頼まれたら、新郎新婦の信頼に応えるためにも、こころよく引き受けるのがマナーです。

自分の立場を確認して、それに沿った具体的なエピソードを選んで原稿をつくっていきましょう。

原稿は、基本的な構造に当てはめながら作成していくとよいでしょう。

忌み言葉の基準

・夫婦の別離を連想させる言葉
　切れる／離れる／ほころびる　など

・再婚を連想させる言葉
　変わる／次々　など

・不幸、不吉、死を連想させる言葉
　絶える／弔う／滅びる　など

・同じことをくり返す重ね言葉
　ふたたび／ますます　など

※81ページに一覧を掲載

スピーチ文例

❶ お祝いの言葉　　❷ 自己紹介

たかしさん、まなさん、ご結婚おめでとうございます。
またご両親さま、ご親族の皆様にも心よりお祝いを申し上げます。
わたしはまなさんの会社の同期で、鈴木と申します。

③ エピソード

彼女とは隣の部署に配属され、よく相談にのってもらいました。今でも何かあるごとに最初に相談にのってもらうほど頼もしく、信頼できる大切な友人です。

もとから明るく社交的な彼女は、職場にいるだけでその場をぱっと明るくしてくれる人です。明るいだけでなく、きめこまやかな気配りもできるので、上司や後輩からも信頼されています。

まなさんの気配りは職場だけにとどまりません。ふたりで京都旅行に行ったときのこと、道に迷っている海外の方に駆け寄って、観光スポットやどんなお土産がよいのかも、親切丁寧に流暢《りゅうちょう》な英語で教えてあげているのです。

相手の立場を思いやることのできる素晴らしさに感銘を受けました。

④ はなむけ、激励

結婚生活もまさに、相手への思いやりが大切です。思いやりの心をもったおふたりの関係は揺らぐことはないでしょう。

とはいえたかしさん、たまには、まなさんと日帰りでよいので、わたしとの旅行を許していただけるとありがたいです。

⑤ 結び

身勝手なお願いをしましたところで、そろそろわたしの祝辞は結ばせていただきます。

たかしさん、まなさん、本当におめでとう。どうぞ幸せな家庭を築いてください。

まとめ

1. **スピーチを頼まれたらこころよく引き受ける**
2. **具体的なエピソードを入れる**
3. **お祝いの言葉からはじめ、結びの言葉で終わる**

招待される側

二次会を開く、参加する

二次会の幹事は会場、会費などを選定します。お祝いにふさわしい余興を企画しましょう。

新郎新婦の希望を聞き料理、企画を入念に準備

披露宴の二次会は、新郎新婦から頼まれた友人が幹事になって開きます。

幹事は、新郎新婦にどんな会にしたいのかを相談しながら準備を進めていきます。

まず、参加者のリストアップを新郎新婦と行ないましょう。

会場、料理の選定、会費の設定など、数カ月前から準備することは盛りだくさん。リストをつくって進めましょう。

二次会では、新郎新婦をお祝いしながら、参加者全員が楽しめる企画を立てることも大切です。数名のスタッフで、協力して進めましょう。

二次会だけ出席するならお祝いは会費だけでOK

二次会は会費制がほとんどです。二次会だけに出席する場合は、会費を受付で支払います。会費はご祝儀ではないため、祝儀袋に入れる必要はありませんが、懐紙などにはさんで渡すと丁寧な印象です。

お祝いを贈りたい場合、二次会の当日に持参するのはマナー違反なので、結婚式の1週間前までには届くように送っておくとよいでしょう。

服装は、肌の露出の少ないワンピースやスーツなど、セミフォーマルが無難です。

◆ 二次会の幹事の仕事 ◆

幹事の仕事
二次会の会場を探し、決定する
二次会の進行、演出を考える
会全体の予算立てをする
ゲストの人数を確認する
二次会当日のスタッフィング
挨拶、スピーチ、余興などの依頼
小道具やギフトのオーダー、買い出し
音響設備、プロジェクターなど演出の機材の手配
二次会当日の会計
二次会当日の司会・進行

二次会のスタッフ
タイムキーパー／進行（1名）※幹事が行なう
司会（1～2名）※幹事が行なう
会計（1名） ※幹事が行なう
受付（2～4名）
アシスタント（1～2名）

◆ 二次会の服装 ◆

店によりますが、セミフォーマルが無難。男性はブレザーやジャケットにスラックス。女性は、ワンピースやスーツ、アクセサリーは控え目にしましょう。

まとめ

1. 幹事は新郎新婦と相談しながら数カ月前から準備をする
2. 幹事は二次会のゲームやクイズなどの余興をスタッフと決める
3. 二次会だけの出席は会費の支払いだけでよい

招待される側

子連れで出席する場合

子連れでの結婚式への出席は、原則控えるのがマナー。どうしても出たいときは、万全の対策を。

ぐずったら外に出るなど周囲への気遣いが必要

子連れの出席は、何が起こるかわかりません。親族でなければ、子連れでの出席はなるべく控えましょう。

どうしても子連れで出席したいときには、おもちゃ、絵本、飲み物など、さまざまな対策を十分にしていきましょう。

挙式や披露宴の最中にぐずり出したときは、すぐに外に出るようにします。

ぐずり対策グッズ

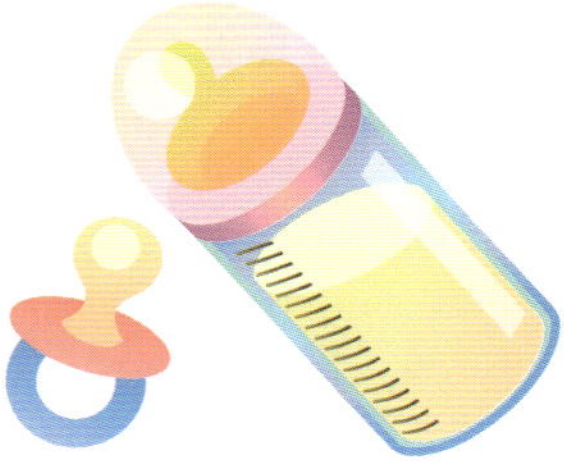

お気に入りの入眠グッズがあるといいでしょう。

絵本や折り紙、おもちゃで気を紛らわすのもよいでしょう。おもちゃは、音が鳴りにくいものにします。

子ども用のおやつや飲み物を持参しましょう。

ベビーカーや抱っこひもを用意しましょう。ベビーカーを使う場合は、事前に会場に持ち込み可能かどうかを確認しておきましょう。ベビーベッドを借りることができる会場もあります。

◆ 子どものフォーマルな服装 ◆

【 0～1歳 】

オムツ替えのしやすい服を選ぶとよいでしょう。ベビー用の服に関しては、色のタブーはないので、白色でもかまいません。

【 1～2歳 】

ベビー用のタキシードやドレスを着せましょう。

【 3～5歳 】

スーツやドレスを着せると華やかになります。幼稚園や保育園の制服があれば、制服でもかまいません。

まとめ

1. おもちゃ、おやつ、飲み物などぐずり対策を万全にする
2. ベビーカーは持ち込み可能かあらかじめ会場に確認する
3. ベビーの服装は白い服でもかまわない

招待される側

入籍のみ、海外挙式の場合

結婚式をしない場合のご祝儀は、少な目にします。海外挙式は渡航費を鑑《かんが》みて出欠の返事をしましょう。

式を挙げていなくても心からお祝いをする

結婚式を挙げないで、入籍だけをするケースも増えてきています。たとえ結婚式を挙げなくても、結婚は人生にとって大きなお祝いごとなので、心からお祝いをするのがマナーです。

結婚したことを本人から直接告げられた場合には、お祝いを贈るとよいでしょう。

ご祝儀を贈る場合、披露宴に招待された場合の金額よりも少ない金額が相場です。

海外挙式は日数や費用負担を考える

海外挙式に招待されたら、日数や旅費などの関係で欠席をしても失礼にはあたりません。ただ、欠席の場合には、マナーを守って返信しましょう（78ページ）。

海外挙式では、渡航費の全額や一部を両家が負担してくれる場合と、渡航費が自己負担の場合があります。

自己負担のときは、ご祝儀はなくてもよいのか悩むところ。相手からの申し出がない限り、ご祝儀を渡すのがマナー。それでも行きたいかどうかを考え、出欠を検討しましょう。

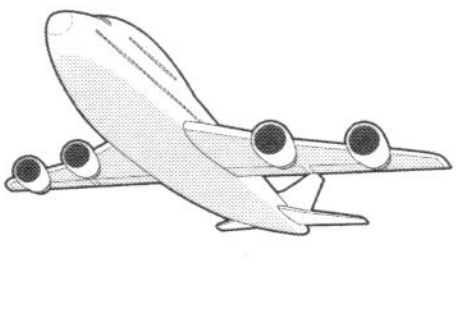

◆ 結婚式を挙げない場合のご祝儀 ◆

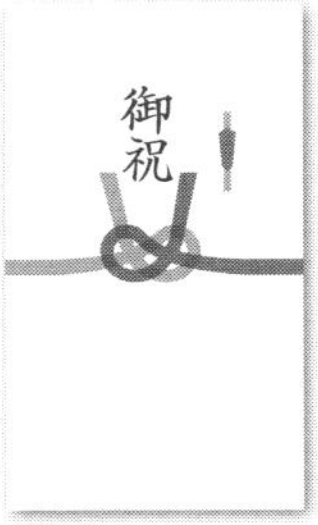

【 水 引 】あわじ結び（おもに関西）、結び切り（おもに関東）
【 表書き 】御祝、寿
【 金 額 】5000 ～1万円が相場。

自分の結婚式のときにそれ以上いただいているときも、額は相場に合わせてよいでしょう。気になる場合は、品物と合わせて贈りましょう。

◆ 国ごとのドレスコード ◆

【 ハワイ・グアム 】

カジュアルな衣装を着る機会が多い場所です。アロハシャツなどを合わせたり、ラフなワンピースを着ることがあります。

【 ヨーロッパ 】

教会は肩などの肌の露出厳禁で、披露宴会場のレストランなどにも正装のドレスコードがある場合があります。旅行会社などにあらかじめ確認しておくとよいでしょう。

まとめ

1. 結婚式を挙げなくても本人から連絡があればお祝いを贈る
2. 海外挙式は日数や渡航費の都合で欠席もやむを得ない
3. 海外挙式では、それぞれの国のドレスコードを確認

招待される側

おめでた婚の場合

結婚祝いと出産祝いは別に包みます。妊娠中には産前にも産後にも使える品を贈りましょう。

妊娠中か出産後かでお祝いの順番が違う

おめでた婚の場合、妊娠中なのか出産後なのかによって、お祝いのしかたが異なります。

妊娠中の場合であっても、通常の結婚式や披露宴と同様にお祝いをしましょう。

出産後の場合は、まず出産祝いを贈ります。結婚式に出席する場合は、1週間前までに結婚祝いの品物を贈るか、当日にご祝儀を持参しましょう。

◆ おめでた婚のお祝いのタイミング ◆

妊娠中の挙式の場合も、結婚式1週間前まで、または当日にご祝儀を渡します。

挙式の予定がなく、妊娠中に入籍した報告を受けた場合は、なるべく早いうちにお祝いを贈ります。

結婚式の招待状が届いてはじめて出産を知ったら、まず出産祝いを贈ります。結婚祝いは式当日にご祝儀を持参しましょう。もちろん、前もって送っておいてもかまいません。

水引は蝶結びかあわじ結び

水引はあわじ結びか結び切り

挙式の予定がなく、出産したことを知らされた場合は、出産祝いと結婚祝いを、祝儀袋を別にして贈ります。どちらかを品物にしてもよいでしょう。

◆ よろこばれる品物 ◆

【電化製品】

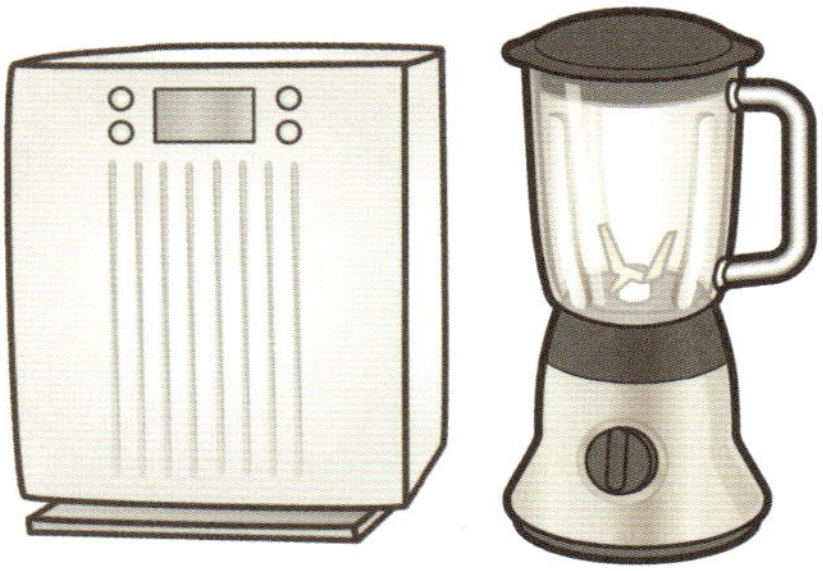

空気清浄器やブレンダーなどの電化製品もよろこばれます。ただし、場所をとる物なので、あらかじめ相手に連絡しておくほうがよいでしょう。

【腹巻・コルセット】

お腹を温める腹巻や、腰を支えるコルセットなどは妊婦さんにぴったりです。

◆ 贈ってはいけない品物 ◆

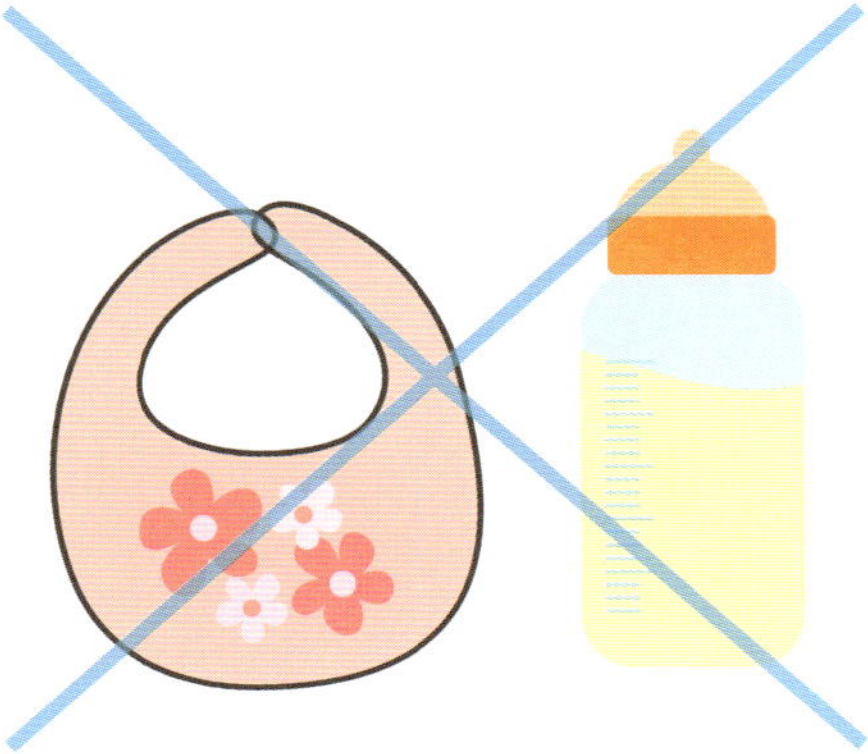

赤ちゃんに何かあったときに、悲しい思い出になってしまうので、赤ちゃんが産まれる前に、ベビー用品を贈るのは避けましょう。

まとめ

1. おめでた婚のお祝いのしかたは出産前後で異なる
2. 挙式の予定があれば結婚祝いは招待状が届いてから贈る
3. 結婚祝いと出産祝いは祝儀袋の意味が違うので一緒にしない

招待する側

婚約のスタイル

両親などに結婚することを報告します。婚約の方法はさまざまですが、婚約記念品の交換が主流です。

婚約に決まりはないが家族や周囲には報告を

婚約は、プロポーズ後にふたりがお互いに将来の伴侶として結婚の約束をすることです。結婚のように法的な決まりも形式もありません。

結婚に向けて、婚約したことを、お互いの両親をはじめ第三者に知らせるスタイルはさまざまです。

ひと昔前までは、結納が主流でしたが、最近では両家の顔合わせをする食事会のみですませる場合も増えてきています。

このほか、婚約式、婚約披露パーティー、婚約記念品の交換などがあります。

婚約のスタイルをどのようにするかは、予算などを考えて、ふたりで、あるいは両家でよく相談して決めましょう。

婚約記念品の交換は婚約指輪が主流

婚約のほとんどのスタイルで行なわれているのが、婚約記念品の交換です。男性が女性に婚約指輪（エンゲージリング）を贈るのが大半を占めています。

よく給料の3カ月分などといわれますが、実際は30〜40万円程度のものが多いようです。

女性は男性に腕時計やスーツ、ネクタイピンなどを贈るのが定番になっています。

◆ いろいろな婚約のスタイル ◆

結婚の約束を固めるための、日本の伝統的な方法が結納です。品物やお金を取り交わします。

レストランや料亭などで、両家が集まり食事をする会を開きます。

キリスト教徒が神の前で婚約を誓っていたのがはじまりです。牧師または神父や両家、ゲストが証人となります。

親族や友人を招いてパーティーを開くスタイルもあります。

食事会のときに、指輪や時計などの品物を交換します。

ハガキなどで婚約したことを知らせます。

まとめ

1. 予算に見合った婚約のスタイルを相談して決める
2. 婚約指輪は30～40万円程度のものが多い
3. 女性からの贈り物は腕時計やスーツなどが主流

招待する側

結納の準備と結納当日

結納は結婚式の3～6カ月前に行ないます。会食費用、仲人へのお礼は両家折半です。

結納は結婚式の3～6カ月前に行なう

正式な結納は、仲人が両家を行き来して結納品を納めます。最近では、女性の自宅やホテル、結婚式場、料亭などで行なう「略式結納」がほとんどです。

結納は結婚式の3～6カ月前に行なうのが一般的で、大安や先勝の午前中がよいとされています。

結納のあとは、両家と仲人を交えて祝い膳を囲みます。

結納の服装と相場

準礼装であれば問題ありません。ただし、参加する人の服装の格をそろえましょう。

結納金は50～100万円が相場です。100万円未満なら、縁起のよい奇数の50、70万円か、末広がりの80万円とします。結納金なしのケースも増えています。酒肴料は5～10万円が相場。食事会費用を両家で折半することが多くなっています。

略式結納の段取り（関東式）

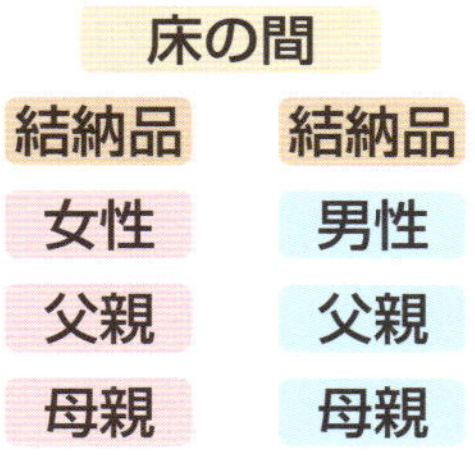

❶ 上記のように両家が着座します。

❷ 仲人がいない場合、男性側の父親が進行役となり、はじめの挨拶を述べます。

❸ 女性側に結納品を納めます。男性側の母親が結納品を女性に渡し、女性が受け取ります。

❹ 目録を確認したあと、受書を渡します。

❺ 男性側に結納品を納めます。女性の母親が男性に結納品を渡し、男性が受け取ります。

❻ 目録を確認したあと、受書を渡します。

❼ 婚約記念品のお披露目をします。

※受書のやりとりは省略します。

【仲人へのお礼】

仲人を立てた場合、仲人へのお礼は両家で折半します。

まとめ

❶ **ホテルや式場、女性宅で行なう略式結納が主流**

❷ **女性は振袖やセミフォーマル、男性はスーツが定番**

❸ **食事会費用や仲人へのお礼などは両家で折半にする**

招待する側

両家顔合わせ食事会

両家の交通の便のよい場所を選び、ある程度格式の高いホテルなどにしましょう。

なごやかな雰囲気でもけじめのある会にする

結納の代わりに、両家の顔合わせを兼ねた食事会を開くケースが増えています。格式の高いレストランや料亭、ホテルなどで行なわれることが多いようです。両家の交通の便も考えて場所を選びましょう。

両親のほか、きょうだいや祖父母などが同席することもあり、より両家の親交を深められるようになっています。

服装は会場にもよりますが、スーツやアンサンブルなど、改まった服装がよいでしょう。アクセサリーは控え目にして、上品な装いになるようにします。両家であらかじめ相談しておきましょう。

食事会のはじめと終わりの挨拶、家族の紹介など、なごやかな雰囲気でも、きちんとけじめのある会にしましょう。

司会進行役は両家どちらでもかまいませんが、できれば男性本人か男性側の父親が中心となるとよいでしょう。

食事会の費用は、両家で折半するのが一般的です。どちらかが遠方から訪れた場合には、交通費、宿泊費などを考慮して、片方の家が食事代を全額負担することもあります。

あらかじめ両家で相談して、当日スムーズに進められるようにしておきましょう。

◆ 食事会の服装と段取り ◆

【服装】

当日の服装はレストランや料亭など、食事会を行なう場所の雰囲気に合わせます。清潔感のある服装であればよいでしょう。

【席次】

角テーブルの場合

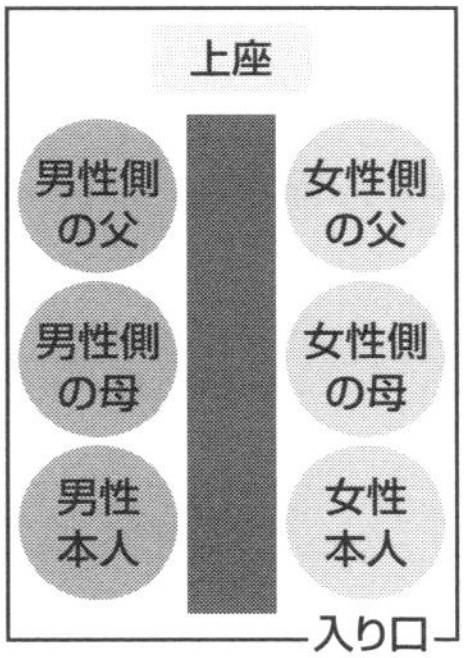

丸テーブルの場合

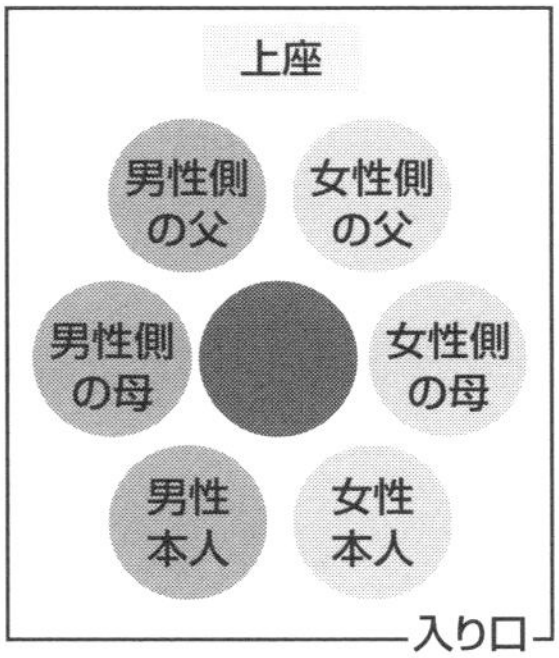

上座・下座をあまり気にせずに、話がはずみそうな場所に座るとよいでしょう。長テーブルの場合は、本人同士が下座で向かい合い、上座から父、母の順に並ぶのが一般的です。

【食事会の進行】

男性本人、もしくはその父親がはじめの挨拶をするのが一般的です。その後、男性本人から自分の家族を紹介し、女性本人が続いて家族を紹介します。婚約記念品は男性本人から贈り、女性本人がお返しをします。なごやかに歓談し、結びの挨拶では、本人たちがそれぞれお礼を述べます。

まとめ

1. 服装はスーツやアンサンブルで上品にまとめる
2. 男性本人かその父親が進行役をつとめ、けじめのある会にする
3. 食事会の費用は両家折半にするのが主流

招待する側

結婚式に招待をする

両家で招待客のリストアップをします。招待状は式の2カ月前には発送しましょう。

予算と両家のバランスで招待客や人数を決める

結婚式の場所と日取りが決まったら、招待客のリストを作成します。予算や式場の広さ、両家のバランスを考慮し、リストアップしましょう。

次にスピーチや余興を頼む人を決め、連絡をします。

招待状は結婚式の2カ月前には発送し、およそ1カ月前には人数を確定。主賓と媒酌人には手渡しで出席をお願いします。

招待状の準備

1 招待客のリストアップを行ないます。

2 招待状の作成や発注をします。

3 スピーチや余興をお願いしたい人に連絡をします。

4 主賓と媒酌人には招待状を手渡ししましょう。

招待状の文例と宛名の書き方

謹啓　仲秋の候　皆様には益々ご清祥のことと
お慶び申し上げます
このたび　山田太郎様ご夫妻のご媒酌により

一郎　長男　一樹
正志　長女　花子

が婚約し結婚式を挙げることになりました
つきましては　幾久しく懇情賜りたく　披露かたがた
粗餐をご用意いたしましたので　ご多用中まことに恐縮で
はございますがご臨席いただきたく　ご案内申し上げます

謹白

□□（年号）○年八月吉日

記

日時　□□（年号）○年十月二十五日（○曜日）
披露宴　十二時三十分　開宴
十二時より食前酒をご用意しております

場所　○○会館　○○の間
○区○町一丁目一番地

田中一郎
川田正志

お手数ながらご都合の程を九月十五日迄に一報賜ります
ようお願い申し上げます

※媒酌人を立てる場合

【家族を招待する場合の書き方】

000-0000
東京都世田谷区駒沢○丁目△番地□号
櫻田太郎様
花子様
御家族様

【夫婦の宛名の書き方】

000-0000
東京都中央区銀座○丁目△番地□号
□□□マンション五○五
齊藤良夫様
令夫人

夫人の名前がわかれば、名前でもOK

まとめ

1. 招待状は2カ月前までに投函し、約1カ月前に出欠を確定する
2. 主賓と媒酌人には招待状を直接手渡しする
3. 前もってスピーチと余興の依頼をする

招待する側

引き出物・謝礼を用意する

引き出物は割り切れない奇数の品数を用意。主賓やスタッフには、当日に謝礼を渡しましょう。

かさばらず重くない記念品を用意する

挙式や披露宴の出席者に感謝の気持ちを込めて贈るのが、引き出物です。

引き出物の品数は、地域によって異なりますが、割り切れない奇数にすることが多いようです。また、持ち帰ってもらうので、かさばらず重すぎないものを選びましょう。

記念品、引き菓子、乾物あるいはウエディングケーキの３品が定番です。

前記４品と赤飯を合わせて５品の場合もあります。地域によっては７品というところも。

記念品の相場は、ひとり分の飲食料金の３分の１ほどといわれており、３０００～５０００円が主流です。

お世話になる人への謝礼は祝儀袋で用意

挙式や披露宴で、お世話になる媒酌人、受付、撮影スタッフなどには、謝礼や心づけが必要です。

赤白の結び切りののし袋に入れて、式の前に相手に渡します。当日、急に何か用事を頼む場合もあるので、心づけは多めに用意しておくと安心です。

最近では、新郎新婦の再入場や見送りにプチギフトを贈るのが一般的です。

◆ 人気の引き出物と相場 ◆

【 地域別引き出物+引き菓子の相場 】 出典：親ごころゼクシィ
（http://zexy.net/contents/oya/kiso/giftselect.html）

北海道	1900円	首都圏	6400円	東海	8000円
青森・秋田・岩手	5900円	新潟	9100円	関西	6600円
宮城・山形	6100円	長野・山梨	7400円	岡山・広島・山口	7300円
福島	6300円	富山・石川・福井	9200円	四国	7500円
茨城・栃木・群馬	6800円	静岡	7300円	九州	5100円

引き出物はカタログギフトや食器、リネン類が人気。引き菓子はバウムクーヘンなどの焼き菓子、プチギフトにはこんぺいとうや入浴剤が選ばれています。

◆ 謝礼や心づけの目安 ◆

お世話になった人	金額	のし袋の表書き
媒酌人	20～30万円（媒酌人からいただいたお祝い金の1.5～2倍程度）	寿
主賓・遠方からの来賓	1～2万円	御車代
司会・撮影(友人)	2～3万円	御礼
受付（友人）	3000～5000円	御礼
会場責任者	1万円	心づけ
プロの司会者・カメラマン	3000～1万円（別途料金）	心づけ

式場	金額	のし袋の表書き
神社	5～20万円	玉串料・初穂料
教会	5～20万円	献金
寺院	5～20万円	御布施

※結婚式場やホテルなどに併設されていない単独の施設の場合。

まとめ

1. 記念品の相場は3000～5000円。地域の慣習で異なる
2. 引き出物の品数は3、5、7品と割り切れない奇数に
3. 謝礼や心づけは当日に渡す。多めに用意しておくと安心

招待する側

媒酌人の依頼

媒酌人は結婚式当日の立会人です。新郎の上司、恩師、親戚が一般的。挙式3カ月前までには依頼を。

媒酌人は挙式や披露宴の大切な立会人

仲人は両家を取りもち、婚約から結婚式までを仕切る重要な存在です。一方、媒酌人は結婚式の立会人です。

どちらも結婚式の当日、ふたりの結婚を列席者に報告する役目があり、披露宴では新郎新婦の紹介、夫人は新婦の介添えや付添をします。

仲人や媒酌人は、上司や恩師、親戚に依頼することがほとんどです。最近では媒酌人を立てないことも多いので、両家でよく話し合いましょう。

結婚式の日取りを決める前に依頼する

仲人や媒酌人には、遅くとも結婚式の3カ月前、できれば日取りを確定する前に、直接会ってお願いをするようにします。

引き受けてもらうことが確定したら、ふたりで菓子折りなどの手土産を持参して、改めてお願いに伺います。

仲人・媒酌人を依頼する場合のマナー

結婚式の半年～3カ月前に、電話か、直接会ってお願いします。

引き受けてもらったら、ふたりで手土産を持参して、挨拶に伺います。

仲人・媒酌人と結婚式・披露宴の打ち合わせ

【1カ月前】
・結婚式での親族紹介の資料を渡す
・披露宴に必要な新郎新婦の生い立ちなどの資料を渡す
・新郎新婦紹介や挨拶の希望を伝える
・結婚式・披露宴の日時・場所の確認
・披露宴の進行の打ち合わせ
・媒酌人の着付・美容室の予約
・結婚式のリハーサルを依頼

【結婚式当日】
・最終打ち合わせ
・謝礼とお車代を渡す

【挙式後】
・記念写真と新婚旅行のお土産を持参しお礼
・お中元、お歳暮を贈る（結婚後3年までをめどにしてもよい）

媒酌人の服装

男性は、モーニング（夜の場合は燕尾服やタキシード）などの正礼装とします。和服は黒地の五つ紋付羽織袴です。
女性は、洋装の場合はアフタヌーンドレス（昼）やイブニングドレス（夜）を着ます。和装は五つ紋の黒留袖です。

まとめ
1 仲人、媒酌人へは遅くとも挙式3カ月前までに依頼する
2 挙式1カ月前には、新郎新婦の生い立ちなどの資料を渡す
3 挙式後は、新婚旅行のお土産などを持参しお礼に伺う

招待する側

席次を決め、席次表をつくる

主賓、勤務先の人、友人、親族の順に上座から配置して、家族は下座にします。

座席は序列を念頭に会話がはずむ配置にする

披露宴の席次にも上座・下座と序列があるので、主賓や来賓に失礼のないように決めたいものです。

新郎新婦が座るメインテーブル(高砂)が上座になり、そこから離れるほど下座になります。

メインテーブルに向かって左側が新郎の招待客、右側が新婦の招待客の座席になります。

主賓、勤務先の関係者、友人、親族、きょうだい・父母の順に、上座から下座へと座席を決めましょう。

勤務先の席次は、役職を基準に決めていきますが、役職が同じ場合は年齢順や在籍年数順にするとよいでしょう。

親族の席次も、年齢順になりますが、親しい人同士を隣にするなどの配慮が必要です。

友人は中学、高校、大学別にまとめるなど会話がはずむような席次にしましょう。

知り合いがいない招待客は、同年代や立場が同じ人の近くにしましょう。

席次表を作成する際、招待客の名前の漢字に誤りがないかどうか、かならず確認するようにしましょう。

◆ テーブル別の席次の例 ◆

【丸テーブル】

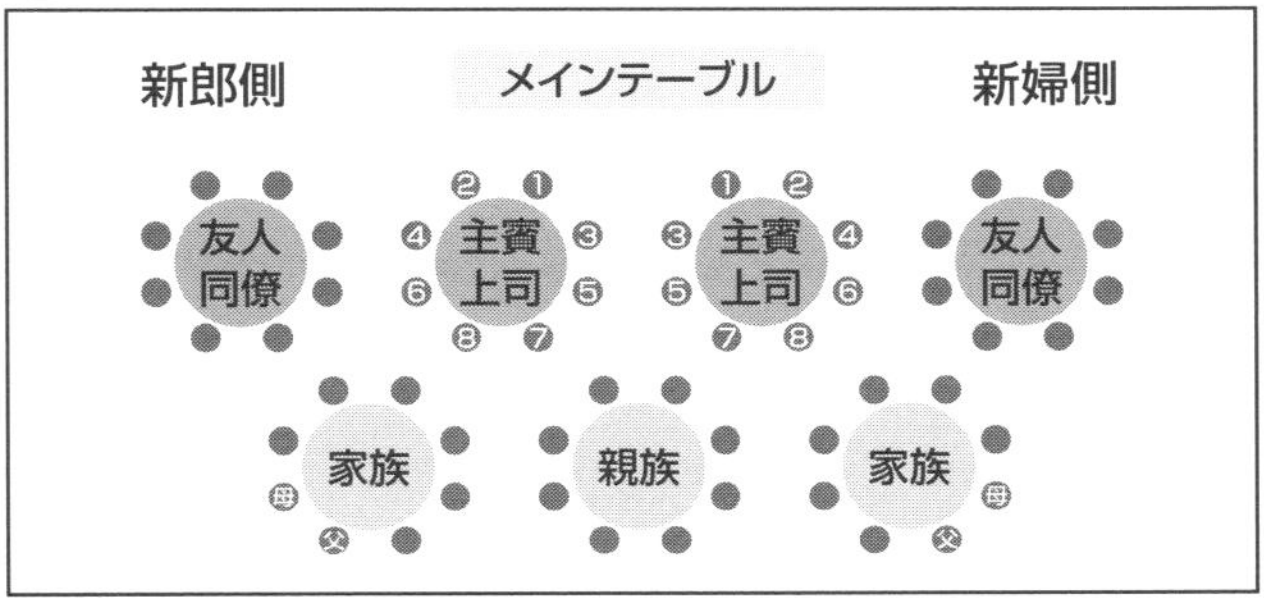

人数の調整がしやすく、招待客が話しやすいため、多くがこのレイアウトを採用しています。

【長テーブル】

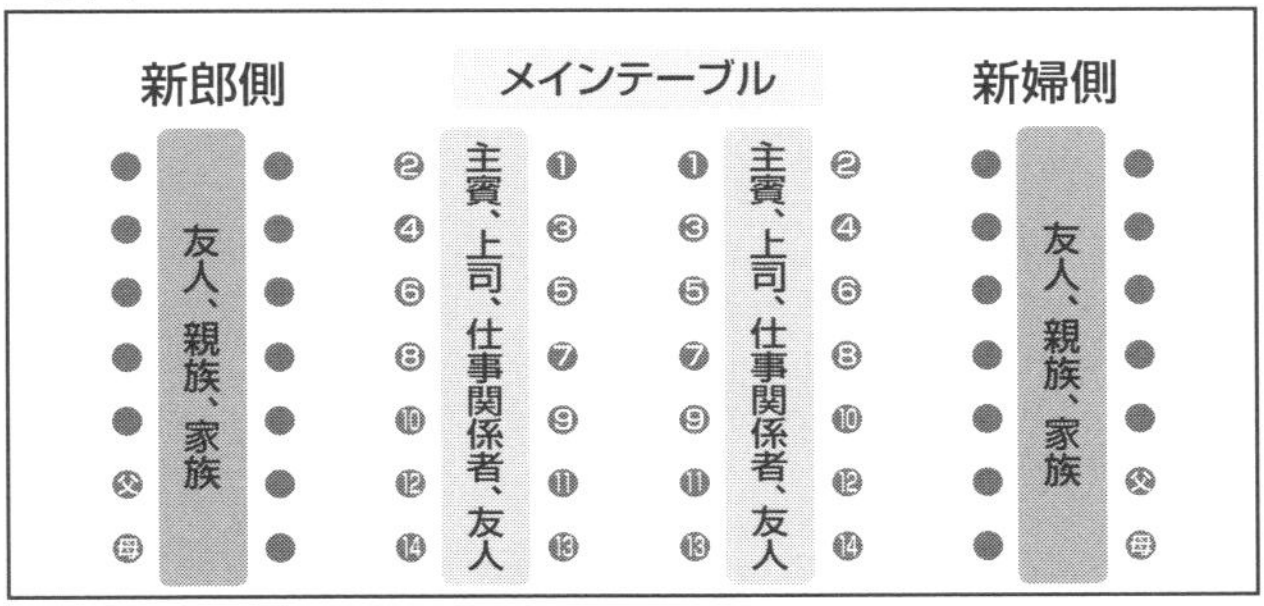

晩餐会《ばんさんかい》形式で格式の高い雰囲気になります。大人数が参加する場合に向いています。ただし、話ができる範囲が限定されてしまうデメリットもあります。

【席次表】

田中 川田 両家結婚披露宴出席者席次　□□(年号)○年○月○日
○△□会場

新郎 一樹　新婦 花子

メインテーブル

新郎上司 澤 俊輔 様　新郎上司 佐々木 智尋 様　新婦上司 中井 理 様　新婦上司 今西 一郎 様

テーブルA　テーブルB

新郎同僚 佐藤 泰彦 様　新郎同僚 高山 洋志 様　新婦同期 川内 勇気 様　新婦同期 横町 優子 様

ご芳名・お席順に失礼な点がございましたら慶事に免じご寛容の程お願い申し上げます

席次表には名前だけでなく、従来は、勤務先の会社名、肩書きを記載していました。最近では、転職が多いこともあり、「元上司」「上司」などの記載も増えています。いずれにしても、印刷前に名前、肩書きなどを入念にチェックしましょう。

まとめ

1. 向かって左が新郎側、右が新婦側の招待客が座る
2. 主賓や勤務先関係者が上座、新郎新婦の家族は下座になる
3. 知り合いがいない招待客は同世代や同じ立場の人の近くにする

招待する側

結婚式までのタイムテーブル

タイムテーブルをつくり、やるべきことを整理して余裕をもって計画を進めましょう。

半年前～前日までの計画表をつくる

婚約から結納、挙式、披露宴をはじめ、新婚旅行の手配、新居の準備など、やるべきことは盛りだくさん。半年～1年の準備期間があっても、これらを同時にこなすのは大変です。

まず結婚式・披露宴の前日までのタイムテーブルをつくり、手配することを整理しましょう。両家の要望や式場の情報、費用を書き込むとよいでしょう。

◆ 日取り・式場選びのポイント ◆

真夏や真冬は避け、年末年始、長い連休も避けた日取りを決めましょう。大安、友引、先勝など縁起のよい日を選択するのが一般的です。

高齢のゲストがいる場合は、アクセスがよく、段差の少ない式場を選びましょう。

料理のメニューが、子どもや高齢者に対応できるか確認しておくと安心です。

タイムテーブルの例

時期	挙式・披露宴の準備	新婚旅行の準備
6カ月前	・媒酌人の依頼 ・日取りの決定・会場の決定・招待客のリストアップ	・行き先と時期の検討
3カ月前	・招待状の作成 ・招待客に出席を打診 ・司会の依頼 ・各スタッフの手配 ・衣装の決定 ・結婚指輪の準備	・航空券、ホテルの予約 ・パスポートやビザが必要なら申請する
2カ月前	・招待状の発送、持参 ・引き出物の決定 ・受付、スピーチ、余興の依頼 ・二次会の幹事依頼 ・遠方の出席者の交通・宿泊手配 ・ブーケの手配	・新婚旅行先での過ごし方の検討 ・会社に休暇届を出す
1カ月前	・招待状の返信の確認 ・二次会の記念品手配 ・司会者、二次会幹事などと打ち合わせ ・ヘアメイクなどの打ち合わせ ・二次会の衣装の決定	・持ち物のリストアップ、服装の準備
2週間前	・席次の正式決定 ・当日の車の手配 ・内金の支払い	・お土産リスト、礼状リストの作成 ・荷づくり
1週間前	・最終の打ち合わせ ・引き出物の数の決定 ・衣装のリハーサル ・当日の荷物の準備 ・謝礼の準備 ・謝辞の準備	・スケジュールの確認
前日	・媒酌人、司会者などに電話で挨拶 ・両親に挨拶	

まとめ

1. 婚約から挙式・披露宴までのタイムテーブルをつくる
2. 両家の要望や式場の情報を書き加えて希望に添った式にする
3. 招待客に配慮した式場を選ぶ

招待する側

二次会の準備

二次会の幹事は信頼できる友人に依頼を。会費は5000～1万円として、予算を組みましょう。

二次会は会費制が一般的 会費は飲食代にあてる

挙式の2～3カ月前には、信頼できる親しい友人に二次会の幹事を依頼しましょう。

二次会の幹事は、披露宴に来られない友人、知人への連絡や会場の手配、余興の企画、受付、会計など、たくさんの役割を担います。

数人のスタッフで協力してできるように、新郎新婦両方の友人数名にお願いするとよいでしょう。

二次会は会費制が一般的。会費は飲食代にあて、ゲームの景品、プチギフトなどの費用は新郎新婦が負担することが多いようです。

会費は5000～1万円が主流で、不足分は新郎新婦が負担しましょう。

幹事には、商品券やプレゼントでお礼をして、感謝の気持ちを伝えることが大切です。後日、新居に招き、新婚旅行のお土産を渡すことも忘れずに！

最近では、二次会の受付や進行をすべてまかせられる会社に委託することも多いようです。

◆ 二次会の準備 ◆

	項目	準備することなど
挙式 2〜3カ月前	幹事の依頼	信頼できる友人に依頼。できれば出向いてお願いします。
	招待する人のリストアップ	中学、高校、大学、職場などの友人、知人で披露宴に招くことができなかった人などを、新郎新婦と幹事でリストアップします。
	会場の選定	人数、予算をもとに会場を探します。余興でステージやピアノを使う場合は、リサーチをして条件に合った会場を見つけます。
	下見&会場を決める	会場を下見して、雰囲気や広さを確認。実際に食事をし、料理の味やボリュームも見てから、会場を決めます。
	会費を決める	会費を決定し、予算内で進められるように事前に計算してみましょう。
挙式 1〜2カ月前	案内を送る	案内を携帯メールやSNSで送るケースが増加。出欠の有無をとりまとめる係をつくっておくと便利です。
	人数の確定	ゲストの人数を集計し、予算を確認します。
	内容の確認	予算に合わせた料理や飲料、余興の企画、また席順を検討し、決めます。
	演出・企画を決める	余興やスピーチを依頼します。会場で使える備品、照明、持込料の有無などを確認しましょう。
挙式直前	備品の購入	ゲームに必要な備品、景品、メッセージカードなどを購入。領収書は保管してもらい、経過を把握しておきましょう。
	最終確認	二次会の3〜4日前に、会場に人数の最終報告をします。音響などの設備も確認。
挙式当日	受付・会計	受付は出欠のチェック。会計は会費を集めます。
	司会・進行	つくっておいた進行表（プログラム）に沿って司会が進行をします。
	片づけ	閉会の挨拶、会計をします。
	新郎新婦によるお見送り	新郎新婦は、出口でゲストを見送ります。このときに、プチギフトを渡します。

◆ 二次会の進行例 ◆

❶ 開場／受付開始
❷ 開会の挨拶（司会）
❸ 新郎新婦入場、挨拶
❹ ゲストのスピーチ&乾杯
❺ 歓談、食事
❻ ゲームなどの余興
❼ 歓談、食事
❽ 歌、クイズなどの余興
❾ 新郎新婦の挨拶・退場
❿ 新郎新婦によるお見送り

まとめ

1 挙式2〜3カ月前までに信頼できる友人に幹事を依頼
2 新郎新婦は幹事に商品券などの謝礼を渡す
3 新郎新婦と幹事で招待客のリストアップをする

招待する側

披露宴後のマナー

主賓、媒酌人、受付係などにお礼をします。後日、写真とお土産を持参し、媒酌人と両親に挨拶を。

披露宴が終わったらお礼の挨拶をする

招待客が退場して一段落したら、媒酌人や受付係などに、謝礼を手渡します。

新婚旅行から帰ってきたら、お土産と結婚式の集合写真を持参し、媒酌人や両親を訪ねて、改めてお礼をします。

主賓にはお礼状と一緒にお土産を贈りましょう。

結婚祝いのお返しは1カ月以内に贈るのがマナーです。

新婚旅行から帰ったら

新婚旅行から帰ってきたタイミングや新居が整ったころに、媒酌人を訪ねます。日程は媒酌人の予定に合わせましょう。

それぞれの両親にお土産を持参します。結婚式のお礼と、新婚旅行や新生活の報告をしましょう。

主賓へ手紙を書きましょう。写真やお土産に同封するとよいでしょう。

お礼の挨拶の装い

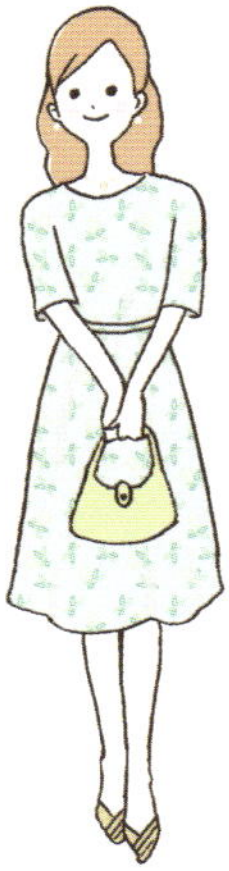

女性のメイクは派手すぎず、ナチュラルに。タイトスカートは正座をする場合ずり上がってしまうので避けるほうが無難です。ワンピースやツーピースを着ましょう。

男性はシンプルなシングルスーツが無難です。靴を磨いておくのも忘れずに。ひげをそり、髪型は清潔感が出るように短くするほうがよいでしょう。

主賓への手紙

拝啓　　新緑の候、ますますご清祥のこととお喜び申し上げます。

　先日はお忙しいところ、わたしたちふたりの結婚披露宴にご臨席を賜り、まことにありがとうございました。

　心のこもったお言葉を頂戴し、これから夫婦として人生を歩んでいくうえでふたりの大切な道しるべとなりました。生涯、心に刻んで参りたいと存じます。

　今後とも、ご指導のほど、よろしくお願い申し上げます。

　○○様のご健勝と、ご多幸をお祈り申し上げます。　　　　敬具

お土産と相場

チョコレート、クッキーなどのお菓子、オリーブオイル、メープルシロップなどの調味料、シートマスク、マニキュアなどのコスメ、ワイン、ビール、ブランデーなどのお酒がよろこばれます。

【相場】

仲人・媒酌人	5000～1万5000円
両親、きょうだい	
親戚、親しい友人	1000～5000円
上司	3000～7000円
同僚	300～1000円

まとめ

1. 披露宴のあとに媒酌人、受付係などに謝礼を渡す
2. 後日、集合写真とお土産を持って媒酌人や両親などにお礼に伺う
3. 主賓には、お土産と手書きのお礼状を贈る

「お車代を出すかどうか、出席してもらう人にあらかじめ伝える？」

出欠やご祝儀の目安になるので、招待状に添えるなど早めに知らせる

　結婚式で遠方の招待客にお車代を渡す場合は、招待状に交通費を負担することを添えて、あらかじめ伝えましょう。全額負担なのか一部負担なのかも伝えると、相手が出欠やご祝儀の目安にすることができ、丁寧です。

　一部負担の場合は、「ささやかですが交通費の一部をお支払いいたします。全額負担できず大変申し訳ないのですが、よろしければご出席お願いいたします」と添えます。仲人や媒酌人、主賓には渡すのが慣例なので、あえて伝えなくてもかまいません。

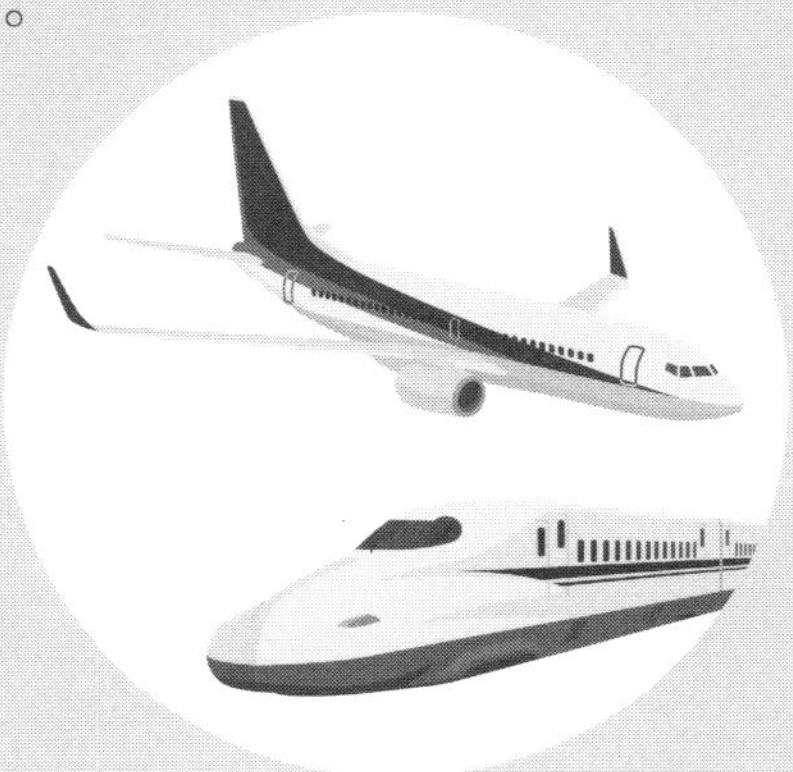

PART

5

弔問・法要・お墓参り

参列する側

訃報を受けたとき

近親者はすぐに駆けつけ、地味な普段着で弔問します。連絡の分担を引き受けましょう。

故人との関係で弔問の時期が異なる

訃報を受けた場合の対応は、故人との関係で異なります。亡くなってすぐの連絡は、親戚やごく親しい人に限られます。すぐに駆けつけましょう。

お通夜は故人と親しい人が弔問するもの。さほど親しくない場合は葬儀・告別式に出席します。ただ、最近では仕事などの都合で、葬儀・告別式よりもお通夜に訪れる人が増えています。

訃報を受けたときの配慮

訃報を知らせるべき人がほかにいたら、喪主となる人に代わって、ほかの人への連絡を引き受けることを申し出ましょう。

弔問客の接待の裏方（茶器の片づけ、洗い場）などを手伝うことができると申し出ましょう。エプロンを持参するとよいでしょう。

供花や供物の申し出と、親戚の供物をとりまとめます。

弔問客用の茶器や器の数が足りるか確認して、足りなければ自宅から持参しましょう。

◆ 弔問の装い ◆

【 女性 】

女性は長い髪をまとめ、化粧は控え目にします。アクセサリー類はできる限り外しましょう。露出の多い服を着ていたときは、暗い色のカーディガンなどを羽織るとよいでしょう。かならずしも黒のストッキングに穿き替える必要はありません。

【 男性 】

男性はネクタイを地味な色のものにつけ替えます。シャツは白シャツに。派手な色や柄のジャケットを着ていた場合は脱いでおきましょう。ひげはそっていくほうが無難です。

まとめ

1. 近親者や親しい間柄の訃報にはすぐに駆けつける
2. 故人とさほど親しくなければ、葬儀・告別式に出席
3. 弔問した際に、葬儀式の準備等の手伝いを申し出る

参列する側

弔問の作法

アクセサリーを外して、地味な普段着で駆けつけます。遺族のすすめがあれば故人に対面します。

弔問時は玄関先でお悔やみを伝える

臨終の知らせを受けたときは、遺族の心情を配慮して、死因や臨終の様子は聞かないようにしましょう。

知らせを受けて駆けつけるときに、喪服を着ていくのは失礼にあたります。まるで亡くなるのを予期して準備していた印象を与えてしまうからです。

グレー、黒、茶色などの地味な外出着を着ていきましょう。アクセサリーは外します。

職場から駆けつけるときは、そのままビジネススーツでかまいませんが、ネクタイは地味な柄にしましょう。

弔問のときには、喪服と同じ理由で香典は持参しません。香典は通夜や葬儀式で渡すようにしましょう。

弔問に伺ったら、玄関先でお悔やみを述べて失礼するようにします。遺族に招き入れられた場合のみ、家に入るようにしましょう。

故人といくら親しい間柄でも、自分から故人との対面を求めてはいけません。遺族のすすめがあってから、対面するのがマナーです。

◆ 弔問のタブー ◆

・亡くなった連絡を受けた際、死因や臨終の様子を聞くのは失礼にあたります。

・いくら親しくても自分から故人との対面を求めるのはNG。遺族からすすめられてからにします。

・亡くなった直後に弔問する場合は、喪服は着ません。地味な色の外出着で行きます。

◆ 故人との対面の作法 ◆

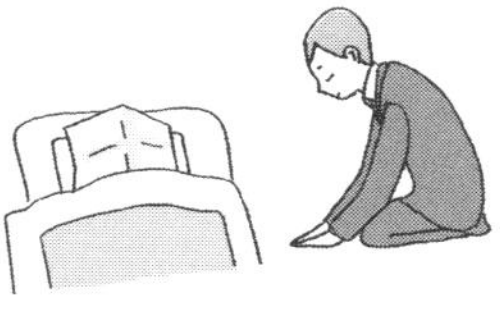

❶ 故人の枕元に両手をついて一礼します。

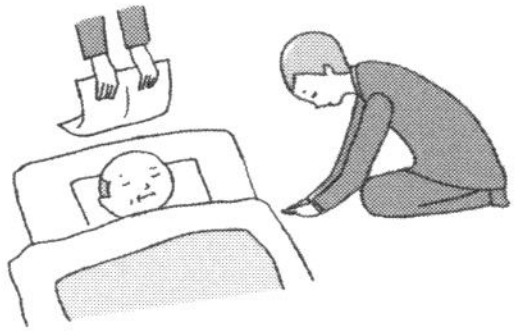

❷ 手をついたままで対面し、さらに深く一礼します。

❸ 合掌します。

❹ 少し後ろに下がり、遺族に対して一礼します。

まとめ

1 地味な外出着で駆けつけ、香典は持参しない
2 弔問は遺族にすすめられたら家の中に入る
3 故人との対面を自分から求めない

参列する側

供物《くもつ》・供花《きょうか》・香典の用意

宗教により供物・供花が異なるため、遺族に確認してから葬儀社に手配しましょう。

故人の宗旨に合わせて香典や供物を準備する

供物や供花、香典などは、故人の霊を慰めるために霊前に供えるものです。故人の宗旨によって、不祝儀袋や表書き、供物の内容が異なります。

葬儀式の際の供物は、果物、缶詰、茶、線香(仏式のみ)など。供花には生花、花輪があります。遺族に確認を取り、葬儀社に手配するのが一般的です。

供花は喪主、親族、故人・配偶者・子どもの勤務先などが用意するのが一般的です。

喪主や血縁関係が深い場合は、供花を対(2基)で、いとこや会社関係は1基を供えます。

供花だけでは祭壇の周りが寂しい印象になるため、果物や缶詰などの籠盛り、灯籠などの供物も手配します。たとえば、いとこは果物、孫は缶詰など、バランスを考えて、親戚で相談しましょう。

キリスト教では、造花や花輪などは供えず、生花のみを供えます。ユリやカスミソウなどが中心です。

また、キリスト教の場合の供花は、葬儀式が教会で行なわれることが多いため、小さめの籠に入れたものや花束などが主流です。

郵 便 は が き

料金受取人払郵便

京都中央局
承　　　認

6558

差出有効期間
平成31年7月
31日まで

(切手は不要です)

601-8790

205

京都市南区西九条
北ノ内町十一

PHP研究所
家庭教育普及部
お客様アンケート係　行

1060

ご住所 □□□-□□□□		
お名前	ご年齢 歳	お子様のご年齢 歳
メールアドレス		

今後、PHP から各種ご案内やメルマガ、アンケートのお願いをお送りしてもよろしいでしょうか？　□ YES □ NO

＜個人情報の取り扱いについて＞
ご記入頂いたアンケートは、商品の企画や各種ご案内に利用し、その目的以外の利用はいたしません。なお、頂いたご意見はパンフレット等に無記名にて掲載させて頂く場合もあります。この件のお問い合わせにつきましては下記までご連絡ください。
(ＰＨＰ研究所　家庭教育普及部　TEL.075-681-8818　FAX.075-681-4436)

PHP アンケートカード

PHP の商品をお求めいただきありがとうございます。
今後の商品制作のために、あなたの感想をぜひお聞かせください。

お買い上げいただいた本の題名は何ですか。

どこで購入されましたか。

お求めになった理由をお選びください。

1 内容に関心があったから
2 タイトルに興味をひかれたから
3 作者に興味があったから
4 人にすすめられたから
5 その他【 】

ご利用いただいていかがでしたか。

1 よかった 2 ふつう 3 よくなかった

ご感想などをご自由にお書きください。

日頃どのようなことに興味をお持ちかを、下記よりお選びください。また、その理由や日常生活で困っていること、知りたいことなどをご自由にお書きください。

1 子育て 2 家事 3 料理 4 健康 5 趣味 6 子どもの勉強
7 その他（ ）

供物・供花の手配とマナー

供物のバランスが取れるように、誰が何を用意するか親戚で相談して取りまとめましょう。

札の肩書きを個人名にするのか、「子供一同」「孫一同」「いとこ一同」などとするのかを、親戚などと相談して決めましょう。

生花にするか、花輪がよいのか遺族と相談しましょう。個人で送る場合は、生花です。供物や供花の代金は、香典と別にして指定されたところに振りこむか、葬儀社に支払います。

供物、供花、香典を辞退する人も増えていますが、その場合は無理強いせず意向を尊重します。遺族から「ご厚意辞退」という通知があったときは何も持たずに弔問し、記帳だけ行ないます。

◆ 宗教別の不祝儀袋と表書き ◆

悲しみの涙で文字がにじむという意味で薄墨を使います。

【無宗教】

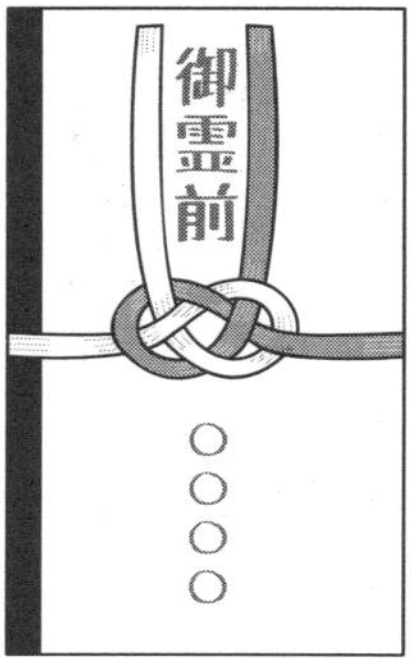

【水引】黒白または双銀または黄白の結び切り、あわじ結び
【表書き】御霊前
【柄】無地

【キリスト教式】

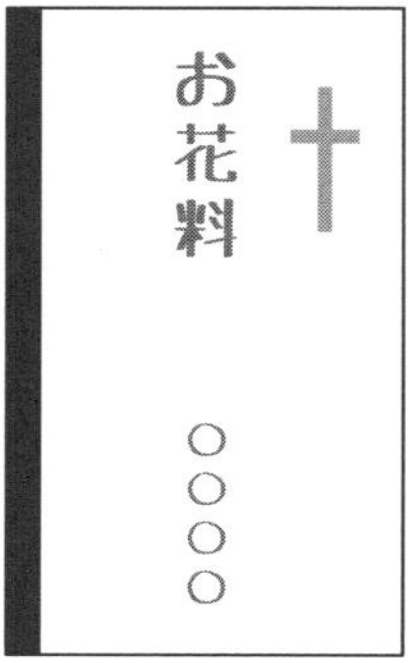

【水引】なし
【表書き】お花料
【柄】ユリの花や十字架が印刷されたもの、無地

【神式】

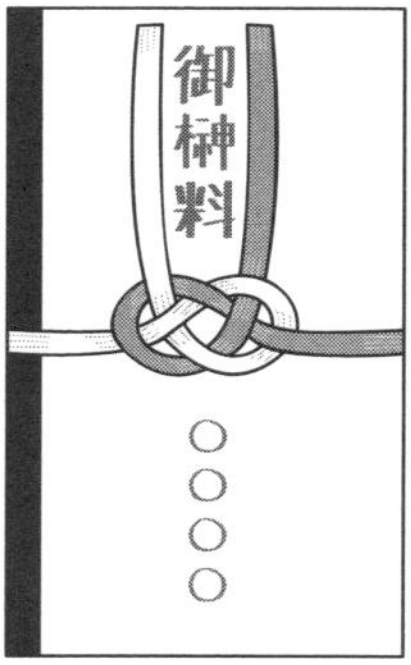

【水引】双白または黒白、双銀または黄白の結び切り、あわじ結び
【表書き】玉串料
御榊料
神饌料
【柄】無地

【仏式】

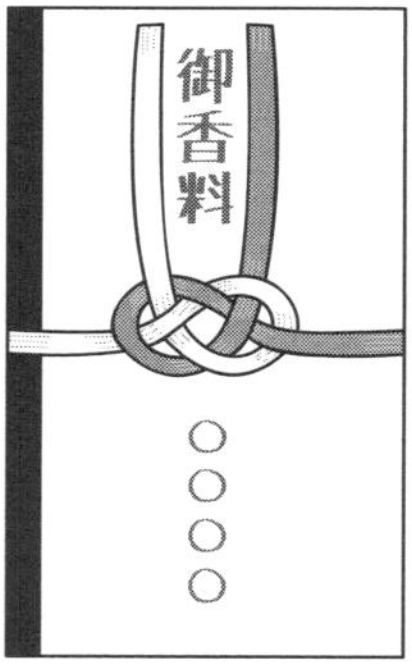

【水引】黒白または双銀または黄白の結び切り、あわじ結び
【表書き】御香料
【柄】蓮の花、無地

◆ 香典の相場 ◆

故人	30代	40代以上
祖父母	1～3万円	1～5万円
両親	10万円	10万円
きょうだい	5万円	5万円
おじ・おば・その他の親戚	1万円	1～3万円
友人・知人	5000円	5000円
友人の家族・隣近所	3000円	5000円

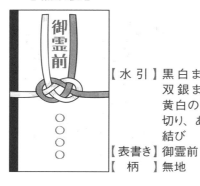

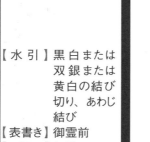

◆ 宗教別・供物の種類 ◆

【 仏式 】

線香、抹香、ろうそく、果物、干菓子、缶詰などがよいでしょう。花は菊やユリ(白や黄色)にします。

【 キリスト教 】

供物はありません。花はユリ、カーネーション、カスミソウ(白)などにします。

【 神式 】

酒、和菓子、果物、五穀などが一般的です。花は仏式と同じです。

◆ 供物・供花の相場(仏式) ◆

種類(1基)	金額
供花	1万5000～3万円
花輪	1～2万円
供物：果物・干菓子・缶詰など	5000～2万円
供物：ろうそく・線香など	3000～5000円

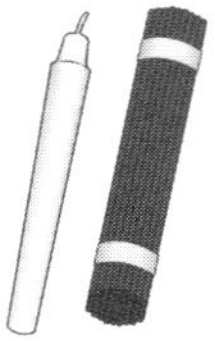

まとめ

1. 故人の宗旨により香典の表書き、供物、供花は異なる
2. 供物と供花は遺族に確認してから葬儀社に手配する
3. 供物や供花の札の書き方は家族や親戚と相談する

参列する側

お悔やみの言葉と弔電

お悔やみは遺族の心情に配慮し、忌み言葉に気をつけます。声のトーンを落として話しましょう。

弔電は葬儀前日までに喪主宛てに送る

弔問や通夜では、遺族へのお悔やみの挨拶をします。遺族の心情に配慮して、静かな口調で伝えましょう。語尾がはっきりしない程度でよいでしょう。

　お悔やみを電話で伝えるのは失礼にあたります。葬儀式に出られない場合は、弔電を送りましょう。葬儀式に間に合うように、前日までに喪主宛てで葬儀場に送ります。

◆ 弔電の送り方と文例 ◆

NTTやKDDIに電話やネットで申し込みます。NTTは115に電話をすると申し込みができます。インターネットなら24時間申し込み可能です。

宛名は喪主、宛先は葬儀場とします。喪主の名前がわからないときは、「故○○様ご遺族様」としましょう。

【弔電の文例（仏式）】

・ご尊父様のご逝去を悼み、謹んでお悔やみ申し上げますとともに、心からご冥福をお祈りいたします。

・○○様のご逝去の報に接し、心よりお悔やみ申し上げます。ご生前のお姿をおしのびし、悲しみにたえません。安らかに永眠されますようお祈りいたします。

◆ お悔やみの言葉 ◆

受付での挨拶	・このたびはご愁傷さまでございます。 ・このたびは突然のことで、心よりお悔やみ申し上げます。 ・お参りさせていただきます。
遺族への挨拶一般例	・このたびはご愁傷さまでございます。心からお悔やみ申し上げます。 ・悲しいお知らせになんと申し上げてよいのかわかりません。お手伝いできることがございましたら、お申しつけください。
高齢での死の場合	・ご長命でいらしたのに、残念なことでございます。
不慮の死の場合	・突然のことでいまだに信じられません。どうぞお気持ちをしっかりお持ちください。
病死の場合	・1日も早いご回復を願っておりましたのに、残念でなりません。 ・ご病気とは伺っておりましたが、このようなことになろうとは残念でなりません。
若年での死の場合	・これからというときに、申し上げる言葉がございません。 ・ご家族のお悲しみを思うと、なんと申し上げてよいのかわかりません。

◆ 忌み言葉 ◆

不幸がくり返されることを連想させる言葉	くれぐれも、かえすがえす、まだまだ、たびたび、いよいよ、ますます、しばしば、つくづく、また、次々、重々、ふたたび、再度、引き続き、くり返し、重ね重ね　など
生死を意味する生々しい表現	死亡、死ぬ、生きる、ご存命
音が不吉な数字	4、9
仏式で避ける言葉	迷う、浮かばれない
神式やキリスト教式で避ける言葉	冥福、供養、成仏、仏、焼香、冥途、お経などの仏教用語

まとめ

1. お悔やみは静かな口調で、語尾ははっきりさせず伝える
2. 電話でお悔やみを伝えるのは失礼にあたる
3. 弔電は葬儀場に葬儀式の前日までに届くようにする

参列する側

弔辞を依頼されたとき

依頼されたら引き受けるのが礼儀です。話は3分以内におさめるようにしましょう。

呼びかけからはじめ
故人との思い出を盛り込む

葬儀・告別式では、故人へのお別れの言葉として弔辞を依頼されることがあります。

弔辞は、故人と生前とくに親しかった人に依頼することが多いようです。依頼されたら、引き受けるのがマナーです。

弔辞は、故人の生前の思い出を語りながら、その死を悼《いた》み、遺族の悲しみを慰めるためのものです。

形式的にならないよう、故人とのエピソードを交えて、別れを惜しむ心情を表現しましょう。故人の欠点や失敗談には触れないようにして、忌み言葉にも注意しましょう。

弔辞は3分以内に終わるようにします。下書きをして、声に出して読んで時間を計ってみるとよいでしょう。

正式には大判の奉書紙か巻紙に毛筆で書きますが、最近では便箋にペンで書いたものも、多く見られるようになりました。

◆ 弔辞のポイント ◆

弔辞の内容は以下のように組み立てるとよいでしょう。

❶ 哀悼の言葉（故人に呼びかけるようにするのが一般的）
❷ 故人と自分との関係
❸ 故人の人柄、功績、思い出、エピソードなど
❹ 故人から得たものや教えられたこと
❺ 今の心情と今後の決意
❻ 遺族への慰めと励ましの言葉

※以下の言葉は神式、キリスト教式では使わないようにする。
「冥福」「成仏」「供養」（139ページ参照）「三途の川を渡る」など。

◆ 弔辞の基本知識とマナー ◆

【奉書紙の折り方】

半分に折り、さらに3つに折ります。それを開いて端から折っていきます。

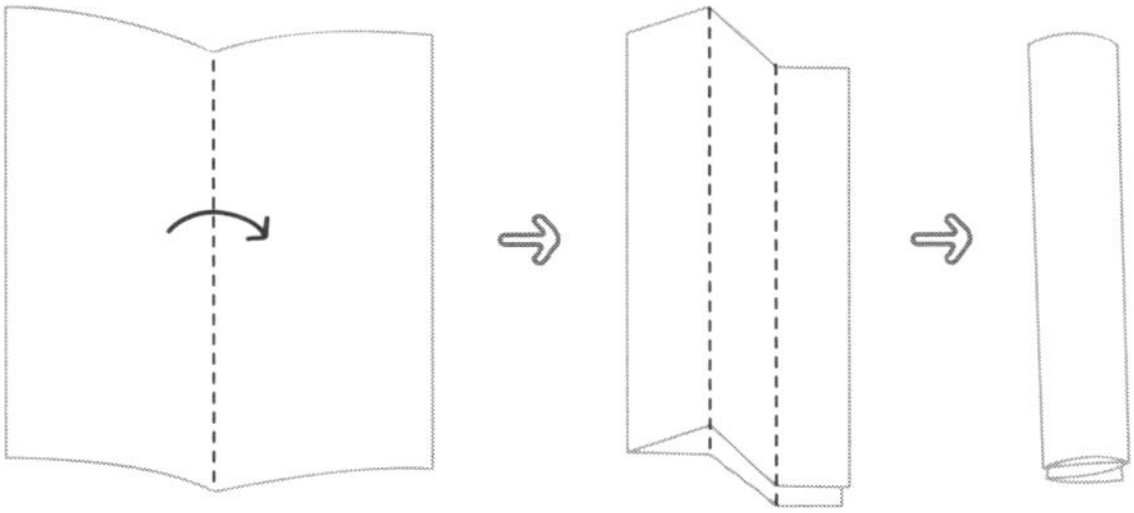

【弔辞の包み方】

真ん中に弔辞を置き、右側から先に折りたたみ、左前になるようにします。上包みには「弔辞」と表書きをしておきましょう。

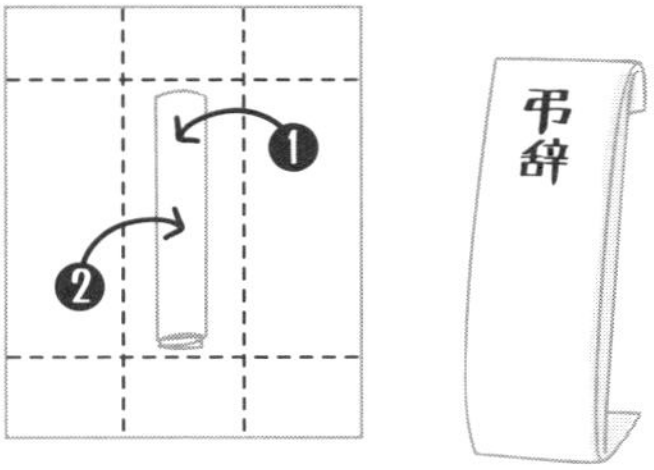

【弔辞の捧げ方】

❶ 遺族に一礼し、遺影の前に進みます。弔辞は左手に持つか、上着のポケットに入れておきます。

❷ 遺影に一礼したのち、弔辞を左手に持ち、右手で上包みを開きます。

❸ たたんだ上包みを弔辞の下に重ね、右手で弔辞を開きます。

❹ 胸の高さで読みます。

❺ 読み終わったらふたたび弔辞を包み、表を祭壇に向けて供えます。

❻ 遺影・僧侶・遺族に一礼します。

まとめ

1. 弔辞は3分以内で終わるようにする
2. 宗教によって使わない言葉があることに注意する
3. 弔辞を読む前後に、遺影、僧侶、遺族に一礼する

参列する側

通夜の装い

グレーや紺の略礼装でOK。傘、ハンカチ、靴などの小物も地味な色にするよう心がけます。

肌の露出を控えた略礼装で弔問する

通夜に参列するときの服装は、グレーや紺、黒などの地味な色のスーツ、ワンピースなどの略礼装が基本です。弔問時の装いは131ページを参考にしましょう。

肌の露出を極力控え、アクセサリーは基本的にはつけません。最近は通夜にもブラックフォーマルで参列する人が多くなっています。

◆ 小物・持ち物のマナー ◆

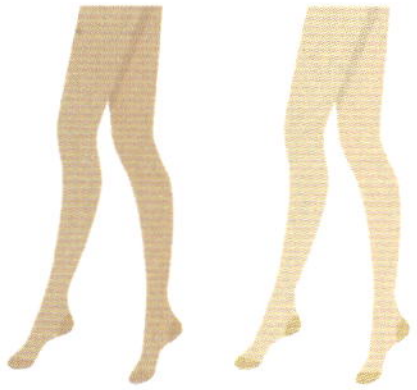

黒タイツはカジュアルなのでNG。黒ストッキングかナチュラルカラーのストッキングにします。

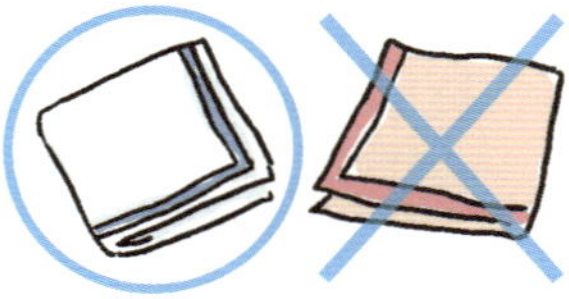

ハンカチは黒や白など、地味な色が無難です。とくに赤やピンクの色や柄の入ったものは目立つので避けましょう。

傘が必要な場合は、黒や紺などの地味な色、もしくは透明なものを選びましょう。

派手なメイクはもとより、ノーメイクも失礼にあたります。ナチュラルなメイクを心がけましょう。

◆ 通夜の装い ◆

【女性】

グレー、紺、黒色などの地味なワンピースなど。アクセサリーはつけません。一連パールのネックレスはOKです。

【男性】

グレー、紺、黒などの地味な色のスーツにします。目立たないストライプでもよいでしょう。ネクタイは黒やグレーなどの地味な色に。

まとめ

1. **通夜はグレー、紺色のスーツやワンピースでもOK**
2. **ノーメイクは失礼にあたるので、ナチュラルメイクに**
3. **アクセサリーはつけないが、一連パールは可**

参列する側

葬儀式の装い

黒のスーツ、ツーピースなどを着用します。カラフルなネイル、派手なメイクはＮＧです。

ブラックフォーマルとし光沢のあるものはNG

葬儀・告別式はブラックフォーマルが基本です。

大規模な葬儀式を行なう場合、遺族や近親者の男性はモーニング、女性は紋のついた和装か正喪服を着用します。

一般参列者は、遺族よりも格上の服装にならないように、スーツやツーピースなどの略式の喪服を着用しましょう。

コートは、葬儀式会場の入り口で脱ぐようにしましょう。

ただ、焼香場所が屋外テントなどの場合は、焼香時のみコートを脱ぎ、それ以外は着用していてもかまいません。

アクセサリーは、パールの一連ネックレスと結婚指輪か婚約指輪のみにします。カラフルなネイルもタブーです。髪は黒いゴムやピンなどでまとめて、清楚にするとよいでしょう。

殺生を連想させる毛皮のコートはＮＧです。皮革のバッグも避け、布製にしましょう。

靴やカバンは黒で、金属やエナメルなど光沢のある物を身につけないようにしましょう。

◆ 葬儀式の装い ◆

【男性】

黒のシングルまたはダブルのブラックスーツが無難。グレーや紺のスーツでもかまいません。ネクタイは黒色。タイタックやカフスはシルバーがよいでしょう。時計やアクセサリーは外します。つけてよいのは結婚指輪か婚約指輪のみ。靴は黒で、光沢のないものにし、靴下も黒にします。

【女性】

黒のツーピース、ワンピース、アンサンブルなどにします。地味な色のツーピースやワンピースでもかまいません。パールや黒オニキスなどの一連のネックレスをつけて、正装となります。メイクは薄化粧にし、口紅は控え目な色に。香水はNGです。ストッキングは黒の無地のものにします。靴は黒のパンプス、バッグは黒い布製が基本です。

まとめ

1. 略礼装のブラックフォーマルを着用
2. 殺生をイメージする皮革バッグはNG。布バッグを持つ
3. 靴やカバンは金属やエナメルなどの光沢のものを控える

参列する側

通夜に参列する（仏式）

10分前には着くように。受付ではお悔やみを伝え、葬儀式に参列するとしても通夜で香典を渡します。

通夜ぶるまいは固辞せず箸をつけるのが礼儀

通夜は午後6～7時ごろからはじまります。遅くとも10分前には着くようにしましょう。

読経、焼香、通夜ぶるまいのあと、9時ごろには終了します。

通夜ぶるまいは、故人とこの世での最後の食事なので、断わらずにひと口でも料理に箸をつけてから帰るようにしましょう。

大勢の弔問客がいるので、遺族へのお悔やみは簡潔に。

◆ 通夜のマナー ◆

開始時刻に遅れても、1時間前後なら参列できる可能性が高いですが、それ以上遅れる場合は葬儀会場へ連絡してから参列するようにします。

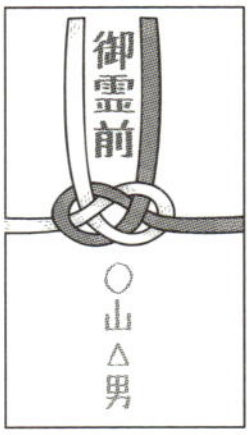

夫の代理で参列する場合は、香典に夫の名前だけを書きます。

【通夜の席次例】

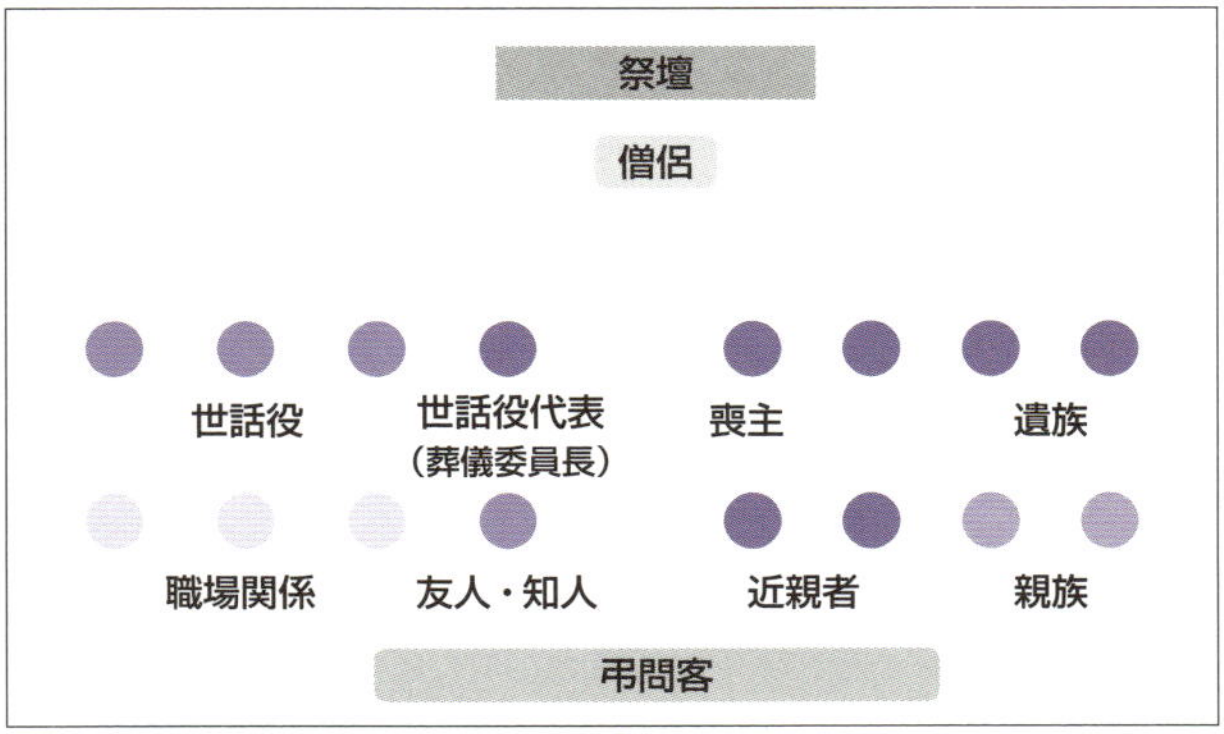

通夜の進行例

❶ 受付で、「このたびはご愁傷さまでございます」など、お悔やみの挨拶をします。

❷ 香典をふくさから取り出してふくさにのせ、「ご霊前にお供えください」と言って、相手に名前が読めるように向け両手で差し出します。

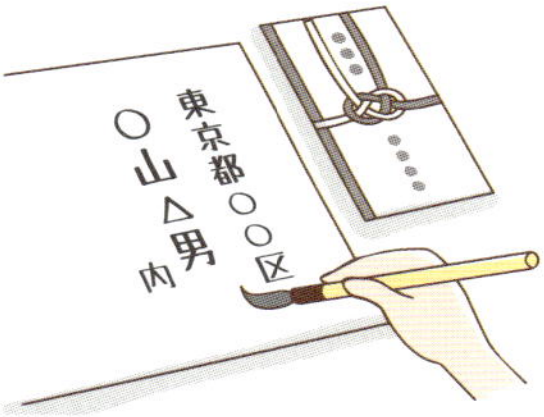

❸ 芳名帳に記帳をします。楷書で丁寧に書きましょう。夫の代理で参列する場合は、夫の名前の左横に小さく「内」と書きます。

❹ 焼香の順番がきたら霊前に進み、遺影に一礼してから焼香をして（151ページ）合掌します。

※焼香をするのは仏式の場合。神式は158、159ページ、キリスト教式は160、161ページで説明しています。

❺ 故人をしのんで通夜ぶるまいという、亡くなった人との最後の食事をします。

❻ 返礼品をいただいて帰ります。

まとめ

1. **通夜には遅くとも10分前には着くようにする**
2. **通夜ぶるまいは少しでも箸をつけてから帰る**
3. **遺族へのお悔やみは簡潔にすませる**

参列する側

授乳中・子連れの場合

親族以外の葬儀式には子どもを連れて行くのを控えましょう。弔電や香典を送るか、通夜に出席します。

赤ちゃんが泣いたらすぐに退出するのがマナー

親族以外の葬儀式に、赤ちゃんや幼児を連れて行くのは控えましょう。

赤ちゃんは、いつもと違う場所では、泣くことが多いものです。また、幼児は葬儀式の意味がわからないので、大勢の人がいる場所ではしゃぎがちです。

保護者は子どもの面倒を見ていられると思っても、授乳やオムツ替えの場所の用意などで遺族に気を使わせてしまうことがあります。

子どもと関係の深い人以外の葬儀式には欠席して、弔電を打って香典を送るようにします。

どうしても弔問したいときは、通夜や葬儀式で焼香を手早くすませるようにしましょう。早めに焼香したいことを葬儀社に相談するとよいでしょう。

祖父母など親族の通夜、葬儀・告別式では子どもが泣きだしたら会場の外にすぐに出ましょう。

出入り口近くの席に座り、いつでも退出できるようにします。退出したら、親族の控室にいてもかまいません。

あらかじめ喪主や葬儀社に控室を使用してもよいかを、確認しておくと安心です。

◆ 赤ちゃん、幼児、ママの服装 ◆

【赤ちゃん】

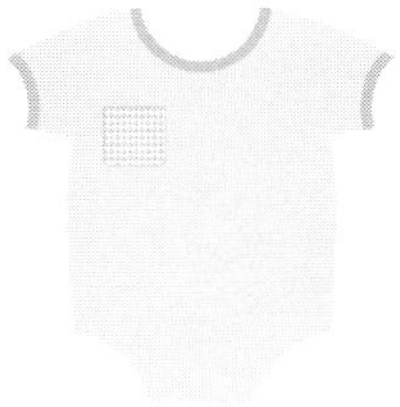

白やグレー、茶、ベージュなどの地味な色のベビー服でかまいません。赤や濃いピンクなどの目立つ色は極力避けましょう。

【幼児】

ブラックフォーマルのような洋服でなくてもかまいません。グレーやブルー、白などの地味な色を着せましょう。園児なら制服がよいでしょう。靴は運動靴で問題ありません。

【授乳中の喪服】

前開きのもの、授乳用のものもあります。自宅で洗えるものが便利。授乳ケープを持参するとよいでしょう。授乳しやすい黒の服で行き、式の最中だけ喪服を着る方法や、遺族や親族が許可してくれれば授乳しやすい黒い服装のままでよいことも。

まとめ

1. 親族以外の葬儀式に子どもは極力連れて行かない
2. どうしても弔問したい場合は、早めに行って焼香する
3. 子どもが一緒の場合、出入り口に近い席に座る

参列する側

焼香の作法と数珠の使い方（仏式）

焼香の回数は宗派によって異なります。故人と関係の深い喪主から焼香します。

焼香は宗派や会場の状況に合わせる

焼香は、香りで邪気をはらい霊前を浄《きよ》め、冥福を祈るという意味があります。

作法は、抹香をつまみ香炉に落とすのが一般的。目の高さにおしいただき（おしいただかない宗派もある）、香炉に落とす回数は宗派で異なり、線香を手向ける場合もあります。弔問客が多い場合、焼香は1回でと葬儀場から言われることもあります。

◆ 宗派によって異なる焼香の回数 ◆

曹洞宗	1回目は目の高さにおしいただき、 2回目はおしいただかずに焼香する
真言宗	3回
天台宗	1回または3回（とくにこだわらない）
臨済宗	1回
浄土宗	とくにこだわらない
浄土真宗 本願寺派	目の高さにおしいただかずに1回 焼香前に合掌しない・鈴《りん》をならさない
真宗 大谷派	目の高さにおしいただかずに2回
日蓮宗	導師は3回、一般参列者は1回
日蓮正宗	3回

※地方によって異なる場合もあります。

立礼焼香

❶焼香台に進み合掌礼します。抹香をつまみ、おじぎをするように目の高さまでおしいただきます。

❷香炉の火の周りに静かに抹香を落とします。回数は喪主に合わせます。

❸その後ふたたび合掌し、遺影に一礼後、少し下がって僧侶・遺族に一礼します。

座礼焼香

❶中腰で前に進み、遺族と僧侶の前で正座して一礼します。

❷祭壇の正面に座り、遺影に一礼します。ひざをついたまま移動して座布団に座り、合掌します。

❸焼香後、ひざをついたまま座布団からおりて、遺影に一礼。遺族、僧侶に向き直り一礼して席に戻ります。

焼香の順序

故人と関係の深い順番に焼香します。読経の途中で葬儀場から指示があります。

❶喪主
❷故人の家族
❸親族（席の順）
❹友人・知人（席の順・並んだ順）

【抹香のつまみ方】

右手の親指、人差し指、中指の3本で抹香をつまみ、目の高さまでおしいただきます。

◆ 回し焼香 ◆

❶ 香炉が回ってきたら次席の人に目礼し、自分の正面に香炉を置きます。

❷ 遺影に一礼し、合掌礼のあと抹香をつまみ、香炉に落とします。

❸ 祭壇に向かって合掌したら一礼して、香炉を次の人に回します。

◆ 線香焼香 ◆

❶ 左手に数珠を持ち、遺族と僧侶に一礼して祭壇に進み、遺影に一礼します。右手で線香を1本取り、合掌礼のあと、ろうそくで火をつけます。

❷ 左手に線香を持ち替え、右手で線香をあおいで火を消します。息で火を吹き消すのはNGです。

❸ 線香を供えたら、合掌し、少し下がって遺影・僧侶・遺族に一礼します。

数珠の種類と数珠の使い方

数珠は、正式には１０８個の珠が二重になっています。１０８は、人間の煩悩《ぼんのう》の数を表わしています。

現在では略式の数珠が一般的に使われています。略式の珠の数は、27個、36個、57個です。男性用は女性用よりも珠が少し大き目です。

焼香のときは、数珠は左手にかけて持ちましょう。

◆ 数珠の扱い方 ◆

【一連数珠】

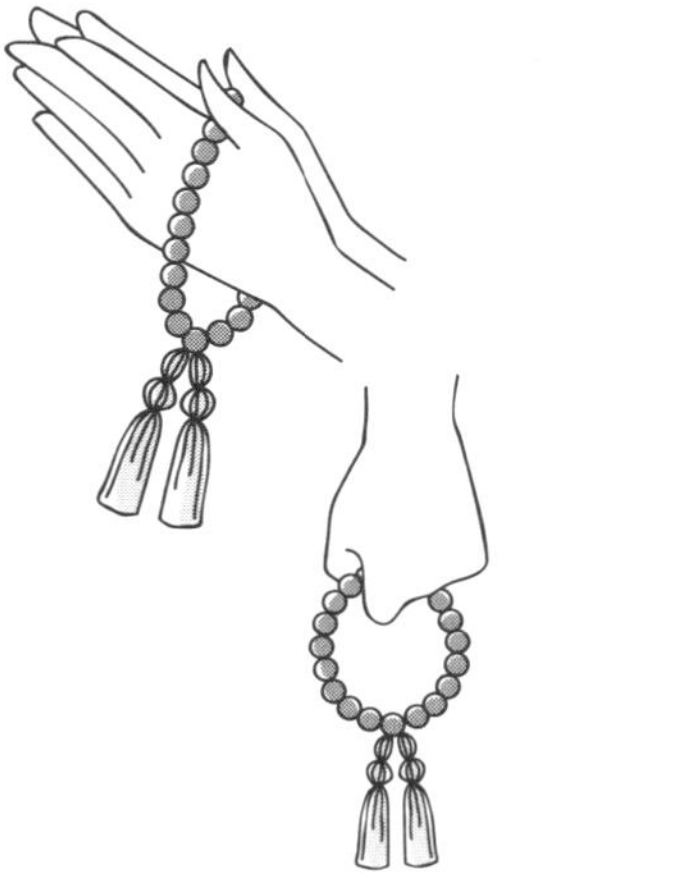

拝むときは両手の親指と人差し指の間にかけ、親指で軽く押えるようにして合掌します。使わないときは房を下にして左手で、腰のあたりでの高さで持ちます。

【長数珠】

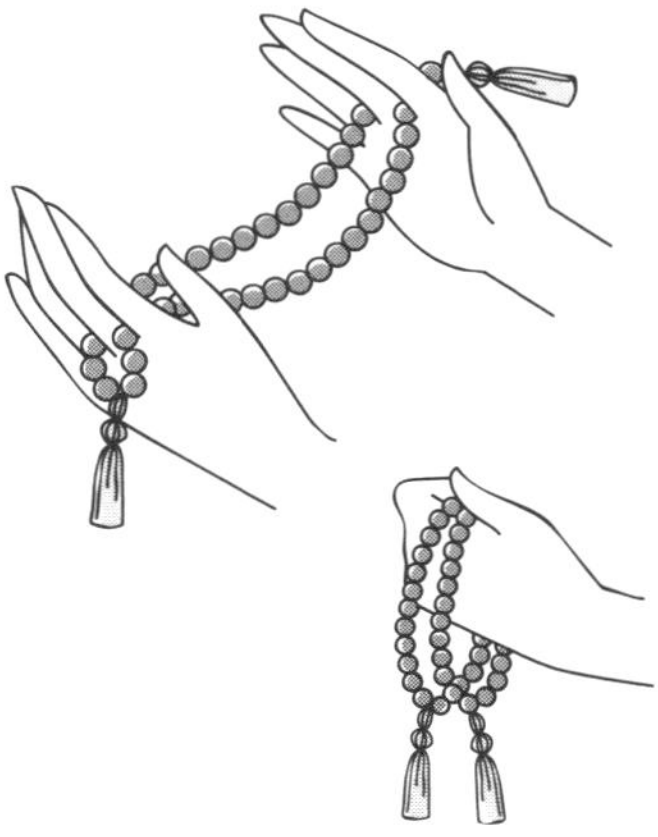

拝むときは両手の中指にかけて合掌します。使わないときは、二重にして房を下にし、左手にかけて持ちます。

まとめ

1. 焼香は宗派によって回数や作法が違う
2. 弔問客が多いときは焼香を1回と指示されることがある
3. 数珠の持ち方は長さによって異なる

参列する側

葬儀・告別式に参列する（仏式）

葬儀式から告別式まで参列するのが礼儀です。受付は10分前まではすませ、出棺まで見送ります。

出棺前の遺族への挨拶は黙礼ですませる

通夜の翌日の昼間に、葬儀式と告別式を一緒に行なうのが一般的で、葬儀式から告別式まで参列するのが礼儀です。

仏式の葬儀式は僧侶が読経を行ない、参列者が故人の冥福を祈って魂を浄土に送る儀式です。

告別式は僧侶が退場したあとに、故人の親族や知人が故人に対して、最後の別れを告げる儀式です。

一般会葬者として参列する場合は、遅くとも葬儀式の10分前には受付をすませましょう。親族の後ろの席に着いて開式を待ちます。

親族の場合は、一般会葬者よりも早く着席するのが一般的。30分前には到着していると安心です。

葬儀式に引き続き告別式が行なわれ、喪主の挨拶のあと出棺となります。このとき遺族への挨拶は黙礼ですませ、一般会葬者は外で待ちます。

葬儀・告別式の席次例

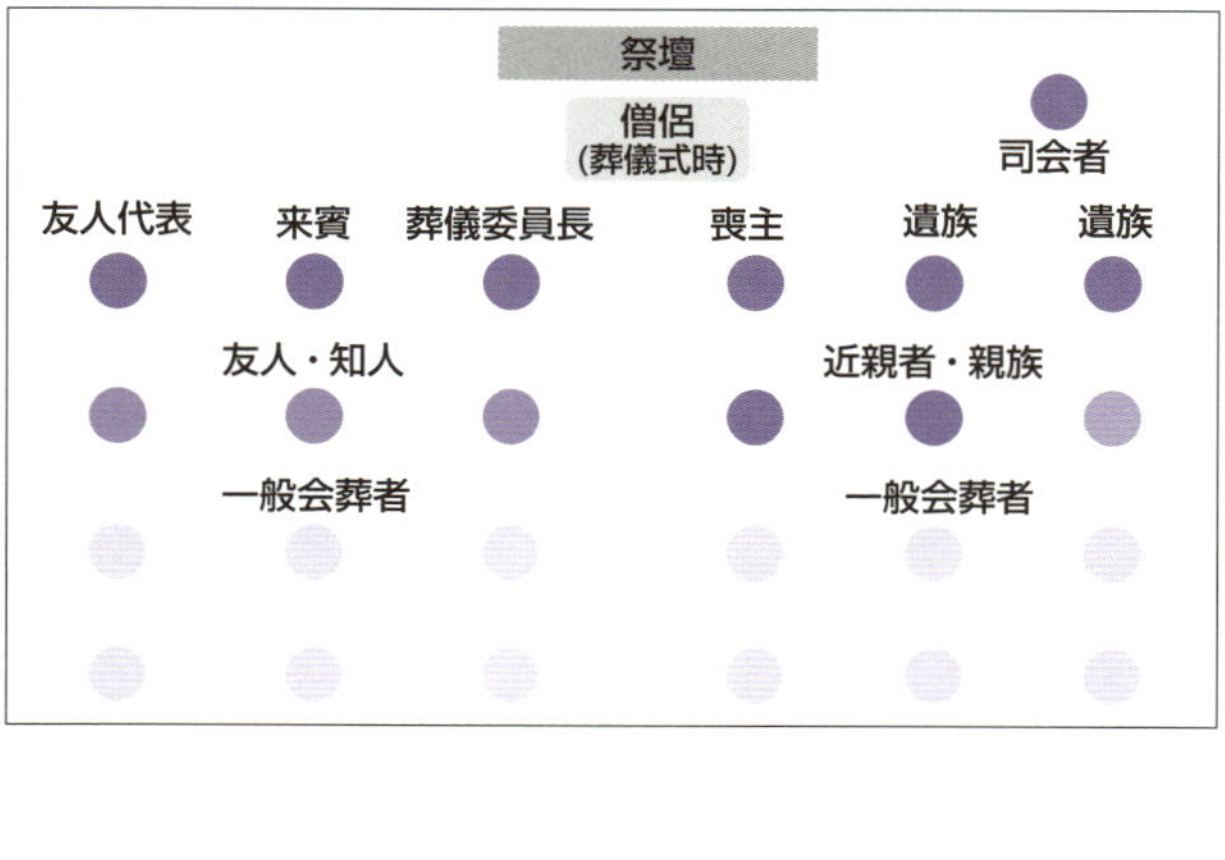

◆葬儀・告別式の進行例◆

① 受付開始
1時間前〜30分前に受付をはじめます。

② 遺族・一般会葬者着席
遺族は早めに席に着きます。

③ 僧侶入場

④ 開式の辞
「ただいまより故○○○○殿の葬儀式ならびに告別式を執り行ないます」と司会進行係が開式の挨拶をします。

⑤ 僧侶読経

⑥ 弔辞

⑦ 弔電紹介

⑧ 焼香
血縁の深い順に焼香します。参列者は席次順に焼香します。

⑨ 僧侶退場
参列者すべての焼香が終わったあと、僧侶は読経を終え、退場します。

⑩ 喪主または遺族代表の挨拶

⑪ 閉式の辞

⑫ お別れ
喪主、遺族、親族による最後のお別れ。一般会葬者は外で待ちます。

⑬ 出棺

⑭ 終了

まとめ

1. **一般会葬者は10分前に、親族は30分前には受付をすませる**
2. **葬儀式、告別式に出たら出棺まで見送るのが礼儀**
3. **出棺の準備のときは親族以外は外で待つ**

参列する側

出棺・火葬に立ち会う

出棺の準備が整うまで外で静かに待ちましょう。火葬場では精進落としまで立ち会います。

出棺の見送りでは静かに合掌する

葬儀・告別式の閉式の直後に、遺族や親族、深い関係のある人が故人との最後のお別れをします。棺に配られた別れ花を手向《たむ》けます。花が配られたら、順番に故人の周りに静かに置きましょう。

一般会葬者は、出棺の準備が整うまで、私語をつつしみ、会場の外で静かに待ちましょう。

出棺の準備が整ったら、親族や故人と深い関係のある男性が、棺を運ぶ役目を担い、霊柩車まで運びます。

霊柩車が発車するときは、合掌してお見送りをします。

火葬場までの同行は精進落としまで

火葬場まで同行するのは、遺族、親族、故人と親しい関係の人です。

もし、遺族から火葬場までの同行を依頼されたら、できるだけ引き受けるようにしましょう。ただし、都合がつかなければ断わっても失礼にはあたりません。

火葬場まで同行する場合、火葬が終わったあとの精進落としの会食まで参加します。

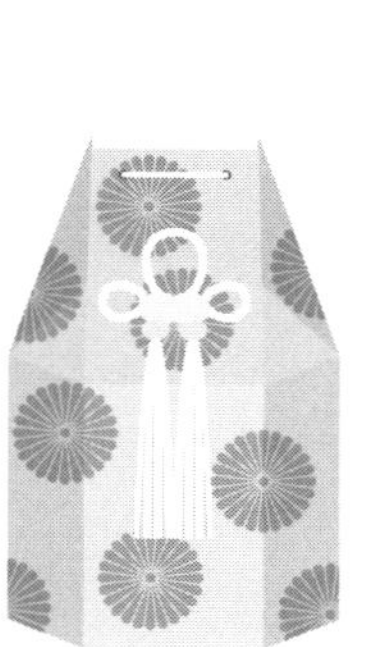

◆出棺から還骨法要までの流れの例（仏式）◆

❶ 別れ花
供花を棺の中に入れて、故人との最後のお別れをします。

❷ 釘打ち
棺の蓋をしめます。

❸ 出棺
遺族代表が出棺の前に、会葬者にお礼の挨拶をします。喪主は位牌を持ち、親族や故人に縁のある人たちが棺を持ち、霊柩車に移します。出棺のときにはコートを脱ぎましょう。

❹ 納めの式
炉前で僧侶がお経をあげます。

❺ 骨上げ
火葬が終わったら2列に並び、順にふたりで箸で骨をはさんで、骨壺におさめていきます。

❻ 精進落とし
葬儀式でお世話になった人の労をねぎらうために、遺族が食事の場を設けます。精進落としの上座は僧侶、続いて会社関係者、友人、知人、親戚、遺族の順に座るのが一般的です。

❼ 還骨《かんこつ》法要
家に祭壇を設けて遺骨を安置して行ないます。日をくり上げて「初七日」の法要を行なう場合もあります。

◆お浄めの塩の使い方◆

火葬場から帰宅したら、家に入る前に浄めることもあります。ひしゃくで両手に水をかけて浄めて、次に、お浄めの塩は、胸、背中、足元の順に振ってもらいましょう。単身者は自分で振ってもかまいません。

まとめ

1 別れ花は順番に故人の周りに静かに置く
2 出棺時はコートを脱いで、合掌して見送る
3 火葬場の同行を依頼されたら、都合がつく限り引き受ける

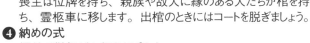

参列する側

神式の葬儀式の作法

神式では数珠を使用しません。玉串の持ち方と向きに気をつけ、柏手は音が出ないようにします。

儀式の前には、手水で身を浄める

神式では、通夜にあたる通夜祭・遷霊祭《せんれいさい》と、葬儀式にあたる葬場祭を行ないます。服装はブラックフォーマルです。式の前に手水《ちょうず》で手を洗い、口をすすいで身を浄めましょう。

「玉串奉奠《たまぐしほうてん》」では、祭壇に捧げる玉串の向きに気をつけましょう。このあとに二礼二拍手一礼をします。柏手は音を出さない「忍《しの》び手」。数珠は使いません。

◆ 通夜祭・葬場祭・遷霊祭の進行例 ◆

【通夜祭・葬場祭】

① **手水の儀**
着席する前に手と口を水で浄めます。

② **斎主入場・一同着席**

③ **拝礼**
斎主に続いて、一同も一拝します。

④ **饌《せん》を供える**
斎員が神饌、幣帛《へいはく》(供物)を供えます。

⑤ **祭詞奏上**
斎主が祭詞を奉上している間、一同は腰を前方に折ります。

⑥ **誄歌奉奏《るいかほうそう》**
故人を追慕するための楽を奏でます。葬場祭では、誄歌奉奏の際に弔辞、弔電が紹介されます。

⑦ **玉串奉奠**
祭壇に玉串を捧げ、拝礼します。葬場祭は①～⑦を行なったあと饌と幣帛を撤去し、一同退席となります。

【遷霊祭】

① **室内の明かりを消す**

② **斎主が霊璽《れいじ》に御霊を移す**
一同は軽く頭を下げます。

③ **霊璽を仮霊舎に安置する**
安置したら、明かりをつけます。

◆ 手水で浄める ◆

【手を洗う】

右手でひしゃくを持ち、水をすくって左手にかけます。ひしゃくを左手に持ち替え、右手に水をかけます。ひしゃくにくんだ水は3回に分けて使うか、必要に応じてくんで使います。

【口をすすぐ】

ひしゃくを右手に持ち替え、左手に水を受けて口をすすぎます。ひしゃくを立て、残った水をひしゃくの柄に流して浄めます。口元や手についた水は、ハンカチか懐紙でぬぐいます。

◆ 玉串奉奠の正しい作法 ◆

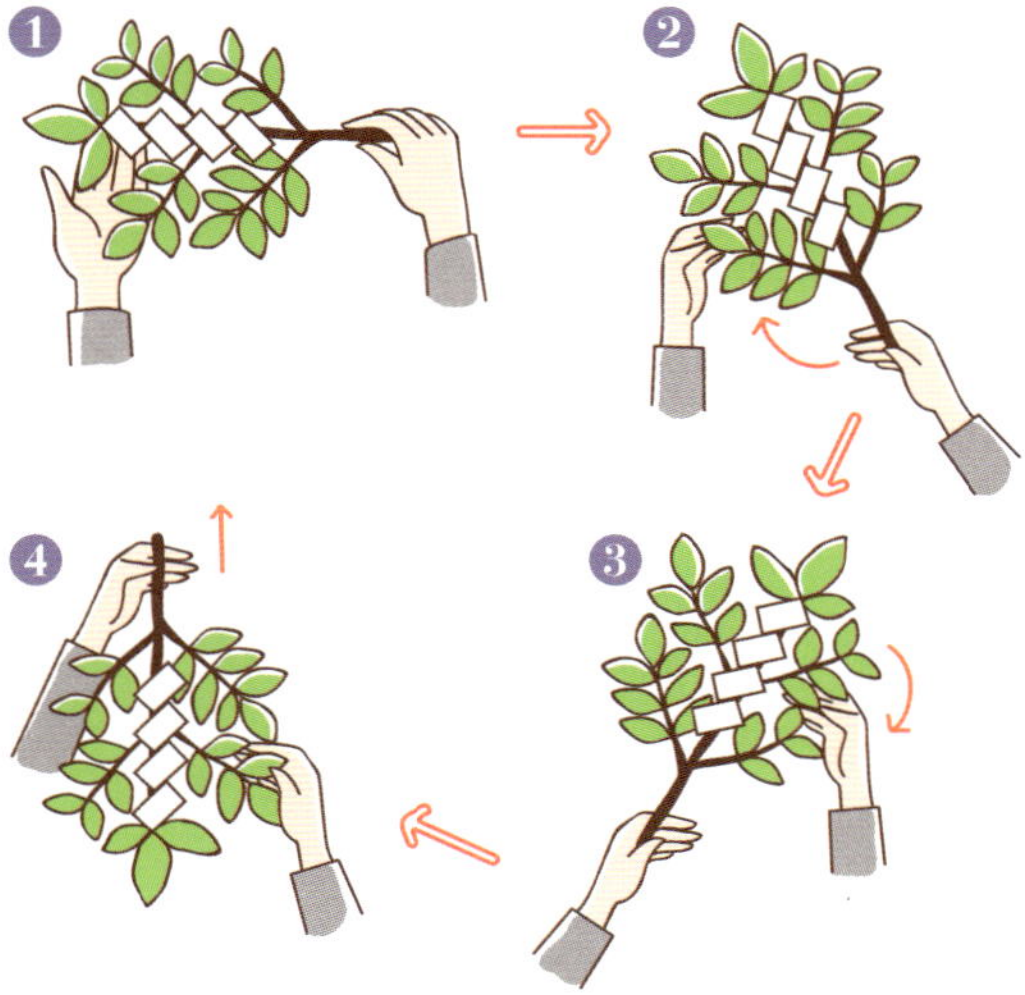

❶ 神官から玉串を受け取ります。右手で根元を上から持ち、左手は下から葉先を支えます。そして、胸の高さに持ちます。

❷ 左手で葉の部分を支えながら、右手のひらを返し、玉串を右に90度ほど回します。

❸ 左手を玉串の根元のほうへ下げて持ち、右手は中ほどを下から支えながら、右へ半回転させます。

❹ 根元を祭壇に向け供えます。

まとめ

1 神式の服装は、仏式と同じブラックフォーマル
2 儀式の前には手水で手と口を浄める
3 柏手は忍び手とし、音をたてないように打つ

参列する側

キリスト教式の葬儀式の作法

一般会葬者は略式の喪服で参列します。会場で準備した花を祭壇に献花しましょう。

聖書の一節を唱えたり、讃美歌を起立して歌う

キリスト教式の葬儀は、故人が洗礼を受けている、あるいは通っていた教会で行なわれます。

キリスト教にはカトリックとプロテスタントがあり、進行方法はさまざまです。

キリスト教では死を悼むのではなく、神様のもとに召されたことを祝福するためのセレモニーとして行なわれます。

仏式のようなお悔やみはNG。「安らかな眠りをお祈り申し上げます」と遺族に伝えましょう。

教会では式の開始を着席して待つため、遅くとも開始10分前までには教会に到着しましょう。教会によっては、受付を設けないところもあります。

式では、聖書の一節を会葬者も唱えます。また、讃美歌（聖歌）を歌うときには起立を求められます。指示に従って合唱するのがマナーです。

焼香にあたる献花では、一人ひとり順番に花を渡され、祭壇に捧げます。根元を祭壇に向けて置きましょう。

十字架のペンダントやベールは、信徒でなければ必要ありません。略式の喪服で参列しましょう。

◆献花の捧げ方の作法◆

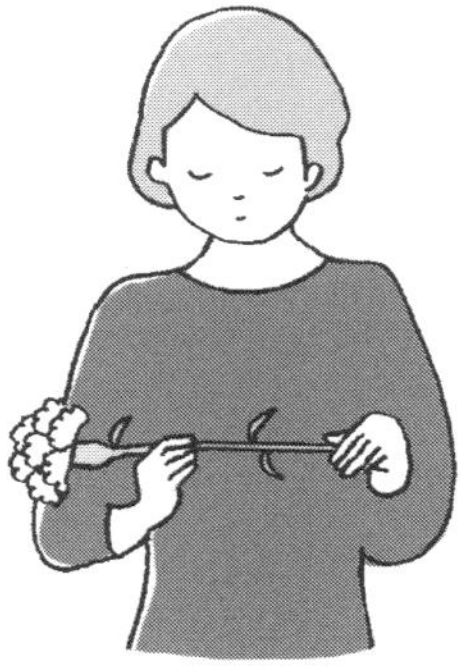

❶右手に花の部分がくるように両手で持ち、祭壇の一歩手前に進んで一礼します。

❷献花台の前まで進み出て、花を90度時計回りに回し、茎が祭壇側に向くようにし、献花台の上に置きます。

❸黙祷し、一歩下がって祭壇に向かって一礼します。その後、遺族と牧師(神父)に一礼し、席に戻ります。

まとめ

1 仏式のお悔やみを言わないように気をつける
2 故人を思い、聖書の一部を唱え、讃美歌(聖歌)を歌う
3 信徒でなければ、ベールや十字架のペンダントはつけなくてよい

参列する側

葬儀式を手伝う

親戚などの訃報を受けたら手伝いを申し出ます。手伝いを依頼されたら快く引き受けましょう。

親しいからこそできる手伝いがある

親戚や親しい人が亡くなったと、遺族から連絡を受けたら、葬儀式の手伝いを申し出るようにしましょう。

最近では葬儀場でほとんど準備してくれるようになり、多くの場合は世話役などは不要です。受付や香典の管理などを依頼されたら、快く引き受けるのが礼儀。当日は、遺族と同じ立場で弔問客に応対しましょう。

◆ 葬儀式の手伝いの装い ◆

女性は動きやすい、ヒールの低い靴を履くとよいでしょう。

道案内役などをする場合は、腕章をつけます。

自宅での弔問客の接待で台所を手伝うときは、黒か白のエプロンを持参しましょう。服装は喪服でOKです。

◆ 葬儀式のさまざまな手伝い ◆

受付は喪家の代理として、会葬者を迎えます。香典や供物料を預かり、記帳の管理、会葬者名簿の整理などを行ないます。

会計は会葬者から預かった香典や供物料を管理し、名簿と合わせて金額を確認します。

道案内をする場合は、斎場の最寄り駅から斎場までの途中に立ちます。

控室で僧侶の接待をしたり、弔問客の接待をします。台所に立つときは、通夜ぶるまいの料理や、遺族の食事の用意をします。葬儀場での葬儀式の場合は、手伝う必要ありません。

まとめ

1. **葬儀式の手伝いを依頼されたらできるだけ引き受ける**
2. **手伝いをするときには、ローヒールなど動きやすい靴を履く**
3. **手伝いの服装は喪服でOK。腕章やエプロンをすることも**

参列する側

法要に出席する

招かれたらできるだけ出席し、一周忌までは喪服を着用します。法要後の会食に参加しましょう。

法要の知らせが来たら出欠を早めに連絡する

法要は、葬儀式が終わって節目ごとに親戚や親しい人を招いて故人をしのぶ行事です。住職にお経をあげてもらいます。

仏式では初七日、四十九日、一周忌、三回忌などがあります。最近は初七日の法要を葬儀式と同日にすませるのが一般的です。

四十九日の法要は、墓にお骨を納める「納骨」を行なうことがほとんどです。

一周忌は翌年、三回忌はその翌年に行なわれます。法要に招かれたら、なるべく早めに出欠の連絡をしましょう。

一周忌までは、略式のブラックフォーマルを着用します。三回忌からは、グレーなどの地味な色のワンピースといった平服でもかまいません。

法要は会食まで参加する

法要に出席する際には、不祝儀袋に現金を包んで持参します。葬儀式のように受付はないので、当日喪主に手渡しします。

法要がすんだあとの会食は、断わらずにいただくのがマナーです。

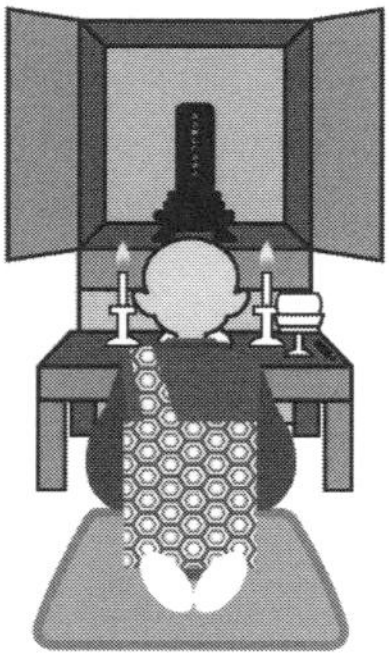

仏式法要の不祝儀袋

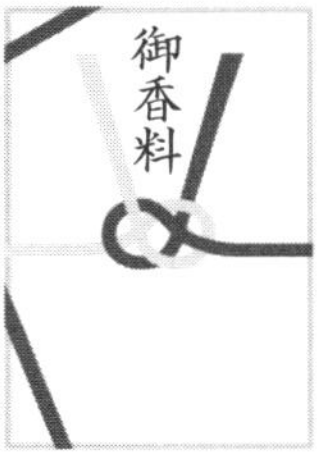

【 水 引 】黒白または双銀または黄白（おもに関西）のあわじ結び、結び切り
【 表書き 】御佛前、御仏前、御香料

宗教別の法要

【 仏式 】

法要年月	名称
死亡日（命日）	通夜
死亡後6日目	初七日法要
死亡後13日目	二七日法要
死亡後20日目	三七日法要
死亡後27日目	四七日法要
死亡後34日目	五七日法要（三十五日法要）
死亡後41日目	六七日法要
死亡後48日目	七七日法要（四十九日忌法要）
死亡後99日目	百か日法要（百日忌法要）
死亡後1年目	一周忌法要
死亡後2年目	三回忌法要
死亡後6年目	七回忌法要
死亡後12年目	十三回忌法要
死亡後16年目	十七回忌法要
死亡後22年目	二十三回忌法要
死亡後24年目	二十五回忌法要
死亡後26年目	二十七回忌法要
死亡後32年目	三十三回忌法要
死亡後36年目	三十七回忌法要
死亡後49年目	五十回忌法要

【 神式 】

霊祭年月	名称
翌日	翌日祭
10日目	十日祭
20日目	二十日祭
30日目	三十日祭
40日目	四十日祭
50日目	五十日祭
51日目	清祓の儀
満1年目	一年祭
満3年目	三年祭
満5年目	五年祭
満10年目	十年祭
満20年目	二十年祭
満30年目	三十年祭
満40年目	四十年祭
満50年目	五十年祭
満100年目	百年祭

まとめ

1. 法要の出欠はなるべく早く知らせる
2. 一周忌までは喪服で、三回忌からは地味な平服でよい
3. 不祝儀袋の仏式の表書きは「御香料」などと書く

参列する側

お悔やみ状を送る

白い便箋・封筒を使います。頭語や時候の挨拶は書かず、お悔やみの言葉からはじめます。

弔問できない場合は手紙でお悔やみを送る

訃報の知らせを受けたのに、都合で葬儀式に欠席したり、遠方で弔問できなかった場合は、できるだけ早く喪主へお悔やみ状を送りましょう。

後日弔問をする機会があれば、その際香典を持参しましょう。

弔問がかなわない場合や、葬儀式のあとに訃報を知った場合は、お悔やみ状と香典を同封し、現金書留で送りましょう。

お悔やみ状のマナーとタブー

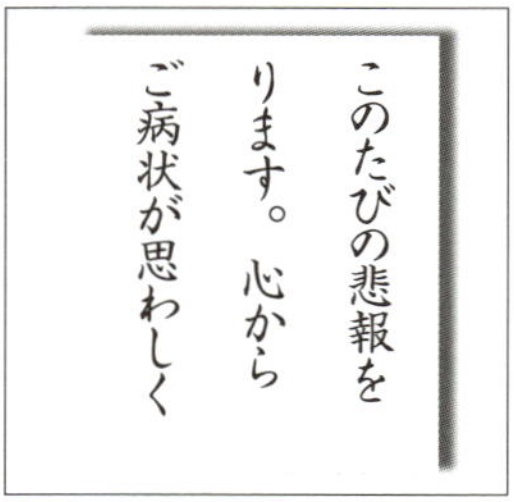
このたびの悲報を
ります。心から
ご病状が思わしく

時候の挨拶は書かずに、冒頭からお悔やみの言葉を記します。縦書きが一般的です。

白い便箋・封筒を使用します。親しい間柄でも柄物はNGです。黒や青のインクで書きましょう。

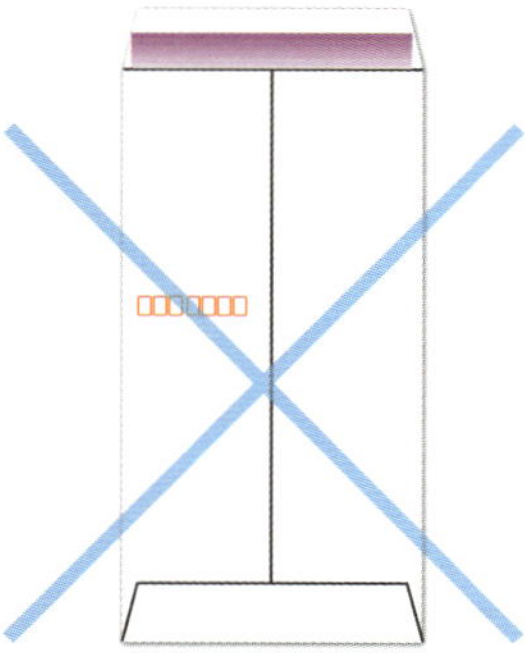

不幸が重なるという意味で二重封筒はNG。一重のものを使います。

お悔やみ状の文例

【喪主の母親が亡くなった場合】

❶ ご母堂様の訃報に接し、ただ驚いております。かねてよりご療養中とは存じておりましたが、このような悲報を受けるとは思いもよらず、呆然とするばかりです。○○さんのお気持ちを思うと胸が締めつけられる思いがいたします。

本来であればすぐにでも駆けつけてお悔やみを申し上げたいところですが、遠方のためご葬儀式に参列できず申し訳ございません。

ご遺族の皆様に心よりお悔やみを申し上げますとともに、ご母堂様のご冥福をお祈りいたします。心ばかりのものを同封いたします。どうか御霊前にお供えください。

❷ まずは略儀ながら書中をもちましてご冥福をお祈り申し上げます。

❶相手の母親を敬う表現です。父親の場合はご尊父など。

❷お悔やみを手紙ですませるのは略式です。

まとめ

1. 知らせを受けたら、できるだけ早くお悔やみ状を送る
2. 弔問できない場合は、お悔やみ状と香典を現金書留で一緒に送る
3. 柄物の便箋・封筒、二重封筒はNG

参列する側

密葬・家族葬の場合

近親者以外は参列を控えるのがマナーです。申し出るのもNG。供物、供花も送らないほうが無難。

お悔やみをしたいときは弔電か後日訪問する

近年、葬儀式を密葬、家族葬ですませるケースが増えています。

密葬の場合は、後日社葬やお別れ会が開かれることもあります。喪主に確認をとってみるとよいでしょう。

家族葬の場合は、葬儀式をはじめすべての法要を家族や親族だけでするということです。

遺族は、近親者以外で参列してほしい人に、電話や口頭で参列を依頼します。依頼のない場合は、遺族の意向をくんで、参列を控えましょう。

どうしても最後のお別れをしたいからと、弔問を申し出たり、突然弔問をするのは迷惑にあたります。

また、家族葬では供物や供花も断わっているケースがほとんど。事前に確認してみましょう。

お知らせの中に、斎場や時間が明記されていれば、弔電を打ってお悔やみを伝えるとよいでしょう。

後日、故人の自宅に弔問する際には、家族に連絡をしてからにしましょう。

◆ 家族葬のタブー ◆

【 突然の弔問 】

突然弔問するのは迷惑にあたります。故人や遺族の意向をくむことが大切です。

【 供物、供花を送る 】

供物、供花を勝手に送るのもNGです。事前に確認をしたうえで送ります。

【 弔問を希望する 】

弔問をしつこく申し出ないようにしましょう。どうしてもという場合は、後日弔問できないか遺族に尋ねてみましょう。また、連絡なしに自宅を訪問してはいけません。かならず連絡をすること。

まとめ

1. 密葬・家族葬の場合、近親者以外は参列を控える
2. 家族葬は供物、供花を送らない
3. 弔電でお悔やみの気持ちを表わす

喪家側

身内に不幸が起こったら

臨終を近親者へすぐに連絡し、それ以外の人へは葬儀式の日程を決めてから連絡します。

遺族で葬儀式の方針を決め葬儀社に連絡をする

身内に不幸が起こったら、ただちに近親者へ連絡します。至急駆けつけてほしい人以外は、葬儀式の日程が決まってから連絡しましょう。

葬儀社に連絡をして、遺族で葬儀式の方針を決めます。死亡届や火葬許可証、寺院への連絡などは、葬儀社が代行します。葬儀式の規模や日程、予算などを打ち合わせましょう。

準備するもの

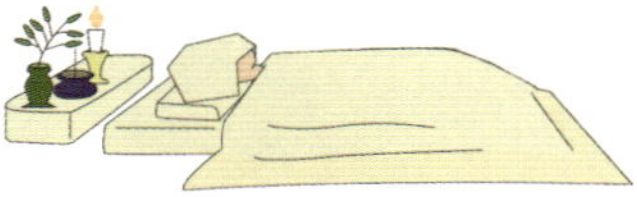

枕飾り（仏式）は葬儀社が整えてくれますが、枕飯、枕だんご、線香立て、鈴などは遺族側で用意します。だんごは地域により異なります。

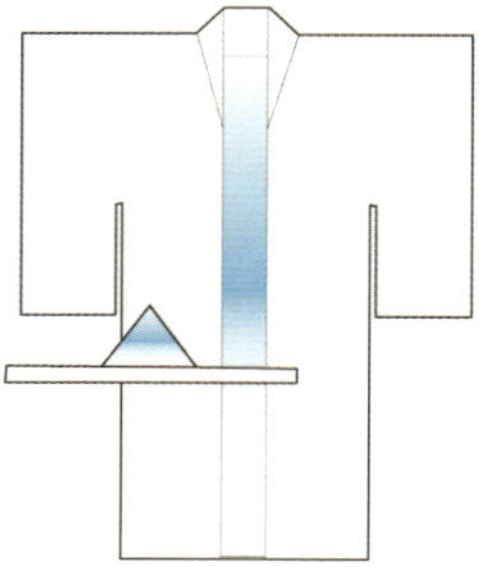

死に装束は、葬儀社が用意してくれる白い着物でも、故人が生前好きだった衣服でもOK。白い着物を着せて、お気に入りの服をかけることも多くあります。

遺影用に故人のよい表情の写真を探します。スナップでもよく、喪服を着ている必要はありません。

◆臨終から通夜までの流れ◆

臨終	葬儀社に連絡し、亡くなった場所を伝えます。葬儀社は病院から紹介してもらうことが多いですが、自分の選んだ葬儀社に頼むこともできます。このとき、病院に「死亡診断書」を書いてもらいます。 在宅治療だった場合は、かかりつけの医師に連絡を。突然死や宅内での事故の場合は、警察へ連絡します。
お迎え・安置	法律により臨終後24時間は火葬することができません。葬儀社の車で搬送先に移動して安置します。 自宅に安置スペースを確保できない場合は、専用の安置場所に搬送されます。
葬儀式の打ち合わせ・段取り	葬儀社の担当スタッフとともに喪主や世話役などの役割を決めるなど、葬儀式の打ち合わせを行ないます。 「死亡診断書」を葬儀社のスタッフに渡し、死亡届や火葬許可証などの手続きをお願いします。 喪主は職場や学校など関係者への連絡、喪服の準備、供花・供物・精進落としの手配などを行ないます。
納棺	納棺の際には、遺体を浄めて死に装束を着せます。 故人が好きだった物など、一緒に棺に入れたい物があれば準備します。 ただし、分厚くて燃えにくいものや、金属やプラスチック製の物などはNGです。 

まとめ

1. 臨終を近親者にすぐに知らせる
2. 葬儀社を選定し、遺族で葬儀式の方針を決める
3. 枕飾りや死に装束、遺影用の写真の準備をする

喪家側

通夜・葬儀式の準備

故人の血縁者から喪主を決めます。通夜、葬儀式の日程を確定し、供物、供花の並び順を決めます。

祭壇や返礼品などの準備を進める

葬儀式をとり行なうにあたって、まず喪主を決めます。喪主になるのは、故人にもっとも近い存在である配偶者や長男、長女などが一般的です。

通夜と葬儀式の日程は、火葬場の都合と、友引は避けるなどその日の吉凶を示す六曜により決まります。

葬儀式の日程が決まったら、親戚や親しい友人、会社関係、近隣などに連絡をしましょう。町会の掲示板、新聞に告知広告を出すこともあります。

従来は、故人の仕事関係や長年の友人、親戚に世話役(葬儀委員長)を依頼していました。現在では、葬儀社がほとんど取り仕切ってくれるので、受付と香典の管理だけを、親戚や会社関係者に依頼するのが一般的です。

通夜ぶるまいの料理や香典返しの選定、火葬場での精進落としの人数の確定や料理なども、葬儀社と相談して喪主が決めます。親戚や会社関係者からの供物や供花の依頼、個数の確認、並び順なども決めます。

葬儀式当日は、喪主や遺族は席を外して参列者に挨拶をしてまわる必要はありません。

◆宗教者や関係者へのお礼◆

	表書き	相場	渡すタイミング
仏式の宗教者	戒名料や読経料など、一連のおつとめは「御布施」とします。 通夜ぶるまいに僧侶が出席しない場合は「御膳料」を渡します。 式場や自宅に出向いてもらったときは「御車代」を渡します。	「御布施」は寺院に問い合わせます。 「御膳料」「御車代」は各5000～1万円。	通夜のあとか葬儀式が終わったあと、または翌日改めてお寺を訪れて渡します。
神式の宗教者	神社へのお礼は「御祭祀料」。 式場や自宅に出向いてもらったときは「御車代」を渡します。	「御祭祀料」は神社に問い合わせます。 「御車代」は5000～1万円。	葬儀式の当日または翌日に渡します。
キリスト教式の宗教者	教会へのお礼は「献金」とします。 聖職者やオルガニストへのお礼は「御礼」とします。	「献金」は教会に相談します。 「御礼」は教会に相談します。	葬儀式の翌日に渡します。
スタッフ	葬儀式の手伝いをお願いした人、霊柩車・マイクロバスの運転手、火葬場の人へは、いずれも「御礼」または「寸志」とします。	いずれも3000円前後。 ※規則で受け取らない火葬場もあります。	葬儀式の当日に渡します。

※いずれも白い封筒に表書きをします。

まとめ

1. 葬儀日程を親戚、会社関係、友人、近隣に連絡する
2. 受付や香典の管理などの係は親戚や会社関係者に依頼する
3. 宗教者へのお礼は当日か翌日に渡す

喪家側

法要の準備

菩提寺に連絡して法要の日時を決め、２カ月前までに親戚や友人に連絡します。

法要は回を重ねるごとに規模を小さくする

故人が亡くなった翌年に一周忌の法要をします。仏式は、その翌年に三回忌、６年目に七回忌と、節目に行ないます（１６５ページ）。

一周忌は親戚や友人、会社関係、三回忌には親戚や親しい友人、七回忌は遺族とごく親しい親戚と、だんだんと呼ぶ人を減らして規模を小さくしていくのが一般的です。

菩提寺で法要を行なったあとは会食をするのが一般的です。

法要は命日の１カ月前から遅くとも１週間前の土日祝日に行なうのが主流です。日程は、いくつか候補を挙げてから、２〜３カ月前には、菩提寺に確認しましょう。日程は菩提寺の都合を最優先にします。

法要に招く人数をおおまかに把握して、法要後の会食の場所を探します。菩提寺に近い場所の料理店やレストランが一般的です。法要のあと、菩提寺の別室を利用して会食できる場合もあります。

◆ 法要のマナー ◆

あらかじめ菓子折りやタオルなどの引き出物を用意し、当日持参しましょう。

【 水 引 】一周忌まで：黒白か双銀の結び切り
三回忌以降：青白か黄白の結び切り
【 表書き 】志、粗供養

◆ 法要の準備 ◆

法事の日程は、命日の1カ月前～1週間前の土日や祝日に設定しましょう。

法要のお知らせを往復ハガキなどで知らせます。1～2カ月前までに返信をもらうようにしましょう。

◆ 料理 ◆

【 子どもと高齢者の料理 】

幅広い世代の人が集まるので、子ども用は別に用意し、高齢者でも食べられるものにしましょう。

まとめ

1. 一周忌、三回忌、七回忌と回数を重ねるごとに呼ぶ人を減らす
2. 2カ月前までには、親戚や友人、知人に連絡をする
3. 法要後の料理は子どもや高齢者でも食べられるものを

喪家側

納骨する

身内だけで行ないます。忌明けや月命日など都合のよい日を指定し、埋葬許可証を持参します。

お墓ができていないときは一周忌などの法要で行なう

納骨とは骨壺を墓に納めることをいいます。仏式、神式、キリスト教式いずれも、納骨の日に決まりはありません。

仏式の場合は、四十九日が忌明けとされているので、忌明けの法要のあとに、納骨を行なうケースがほとんどです。

神式では、亡くなって50日目を忌明けとして、五十日祭を行ない、これに合わせて納骨することが多いようです。

キリスト教式では、故人の死後1カ月後の月命日に行なわれる追悼ミサや、召天記念日に納骨を行ないます。

納骨は身内だけで行なうことが多く、遺族の都合で寺院、教会、神社などと相談して決めましょう。それぞれ法要や儀式を行ない、そのあとお墓に骨壺を納めます。

なお納骨するときは、自治体に死亡届を出したあと発行される埋葬許可証が必要です。忘れずに持参しましょう。

納骨のあと故人をしのび会食をすることが多いようです。

お墓の準備がまだできていなかったら、一周忌などを待って納骨をしてもかまいません。お墓ができあがるまでは、家に置いておくか、菩提寺や霊園の納骨堂に預けましょう。

遺骨をまく方法もある

散骨とは、遺骨をミリ単位に細かく砕き、粉末状にしたうえで、海や山などでまく方法です。

海では岸から10ｋｍ以上離れた海域に、山では土地所有者の許可のある地域内にまくようにします。

散骨の時期については決まりはありません。

◆ 散骨の方法 ◆

【 海洋散骨 】

砕いた遺骨を海上でまく方法が「海洋散骨」です。個人の場合は船をチャーターする必要があります（20万円前後）。合同（10万円前後）や委託（5万円前後）する方法もあります。

【 樹木葬 】

土の中に遺骨を砕いて埋めて、そこに植樹するのが「樹木葬」です（10～80万円）。

まとめ

1. 決まりはないが宗教により納骨の時期が異なる
2. 納骨には埋葬許可証が必要
3. お墓がまだできていない場合は一周忌まで待ってもよい

喪家側

仏壇の拝み方と掃除の仕方

線香を1、2本立て、鈴は2回打ちます。拝み終わったらひとひざ下がりましょう。

気持ちを込めて手を合わせる

命日やお彼岸、お盆などで仏壇を拝むときは、線香は1、2本立て、鈴は2回打ちます。正しい作法を覚えておきましょう。

また、自宅や実家に仏壇がある場合は、できれば毎日2回、朝食前と夕食のあとにお参りしましょう。

朝の炊き立てのご飯、入れたてのお茶や新しい水を供えます。気持ちを込めて手を合わせることが大事なので、できる範囲でかまいません。お花は対で供えましょう。

お正月やお彼岸前、お盆前などには、仏壇を本格的に掃除しましょう。

普段は、汚れが目立つ部分を毛ばたきや布で掃除します。

仏壇の飾り方の例

◆仏壇の拝み方◆

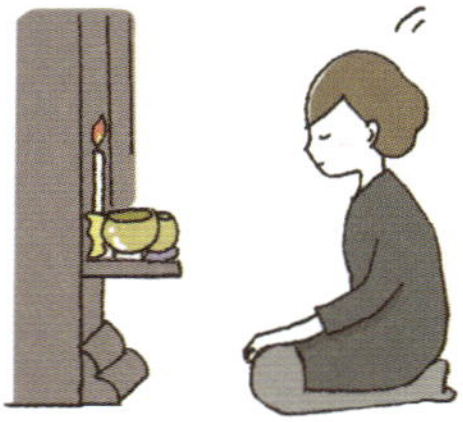

❶ 正座して一礼します。

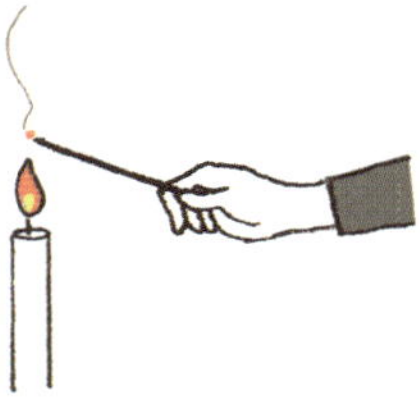

❷ ろうそくの火から線香1本に火をつけ、手であおいで消し、香炉に供えます。

❸ 鈴を2回打ちます。

❹ 合掌したら、ひとひざ下がって一礼します。

◆仏壇の特別な掃除◆

ご本尊、脇仏、位牌などは、毛ばたきでほこりを払います。塗りの部分は毛ばたきではたいたあと、クロスで丁寧に拭きます。汚れが取れにくい場合は、つや出し液をクロスに少量つけて、伸ばすように拭きます。

唐木は湿気に強くないので、乾拭きしましょう。

鈴は真鍮用のクロスで磨きましょう。

まとめ

1. **線香を1、2本立て、鈴は2回打つ**
2. **仏壇は、毎日朝夕1回ずつ拝むのが理想**
3. **お正月、お彼岸前、お盆前には本格的な掃除をする**

「喪中に結婚式は出席できない？」

忌中は控えるのがマナー
喪中に出席しても失礼にならない

身内が亡くなってから、仏式では49日、神式では50日は忌中です。この間はお祝い事には出席を控えるのがマナーです。この期間が過ぎ、忌が明ければ、喪中であっても出席しても失礼にはあたりません。

喪中の出欠は、結婚する人との間柄や、こちらの喪中についての考え方にもよります。親しい間柄であれば、おたがいに相談して出欠を決めてよいでしょう。現在は、あまり気にしないという人も増えています。

PART

6

食事

洋食の基本マナー

ナプキンはひざの上に置き、カトラリーは外側から順に使います。料理はひと口大に切りましょう。

周りとペースを合わせて音をたてないように食べる

ナプキンをひざに置くタイミングは、料理を注文したあと、パーティーでは乾杯してからです。自分のハンカチやティッシュは使いません。

中座や退席時にも、決まったナプキンの置き方があります。

ナイフやフォークなど（カトラリー）は、出された料理に合わせ、外側から使います。周囲とペースを合わせながら食べましょう。

◆ ナプキンの正しい使い方 ◆

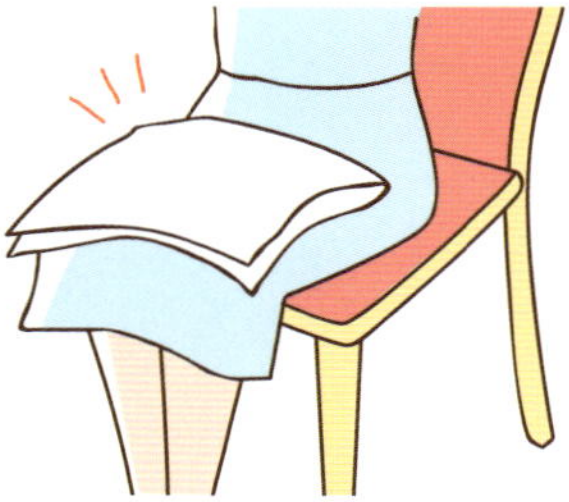

折り目がお腹側になるようにひざの上に置きます。

折り目の内側で口元をぬぐいます。ハンカチやティッシュを使うのはNG。

中座するときはイスに置きます。席を外すときは、イスの上に三角にふくらませて置いてもよいでしょう。

食事がすんだら、ナプキンはきちんとたたまずテーブルに置きます。きちんとたたむと「食事がまずかった」というサインになります。

◆ 基本的なフルコースのセッティング ◆

①スープ用スプーン
②前菜用ナイフ・フォーク
③魚料理用ナイフ・フォーク
④肉料理用ナイフ・フォーク
⑤料理皿（位置皿）
⑥バターナイフ
⑦パン皿
⑧デザート用ナイフ・フォーク
⑨コーヒー用スプーン
⑩シャンパングラス
⑪白ワイン用グラス
⑫赤ワイン用グラス
⑬水用ゴブレット

◆ スープ・パン・ライスの食べ方 ◆

日本ではイギリス式が主流。スープが残り少なくなったら、皿を向こう側に傾けてすくいます。フランス式の場合は奥から手前にすくいます。音をたてずに飲みましょう。

パン皿がなければ、パンは直接テーブルクロスに置いてOK。ひと口ずつちぎって食べます。

ライスはナイフを使ってフォークにのせます。フォークの背にのせなくてもよいでしょう。

まとめ

1 ナプキンはイスに置いたら中座、テーブルに置くと退席
2 カトラリーを使う順番は、左右それぞれ外側から
3 スープをはじめ、食事は音をたてないように注意する

レストランでのふるまい

大きな荷物やコートはクロークに預けます。ワインなどのボトルの飲料は手酌してはいけません。

ドレスコードを確認し苦手な食材を伝える

フォーマルなお店は、予約が必要です。このときに、苦手な食材やアレルギーなどについて伝えておきます。

男性はジャケット着用、サンダル、スニーカーは不可など、ドレスコードがあるお店もあります。事前に確認しておきましょう。

お店では基本的に女性優先。ドアを開けるのは男性の役目なので、男性にまかせます。バッグ以外の大きな荷物やコートは、クロークに預けましょう。

席に案内されると、スタッフがイスを引いてくれます。イスを戻してくれたら、軽く腰掛けましょう。バッグは背もたれと腰の間か足元へ。

コースではなく、個別に注文するときは、前菜、メイン料理、デザートからひとつずつ選びます。迷ったらスタッフに相談しましょう。

ワインのテイスティングは男性の役目ですが、女性だけのときは幹事やワイン好きの人にまかせましょう。自信がなければ、ソムリエにおまかせします。

フォーマルなお店でのお勘定は座席ですませるのが一般的。お勘定のときは、大きな声を出したりせず、手を挙げてスタッフを呼びましょう。

◆ お店にまかせること、頼んでいいこと ◆

【 まかせること 】

ワインやミネラルウォーターは、スタッフが注いでくれます。手酌はマナー違反になるので気をつけましょう。

落としてしまったフォークやナイフなどのカトラリーは、スタッフが拾うので、手を挙げて知らせます。自分では拾わないようにしましょう。

【 頼んでいいこと 】

ワインやメニューを選ぶのに困ったら、予算や好みをスタッフに相談しましょう。

飲み残したワインのボトルの持ち帰りを頼んでもOKです。ただし、断わられる場合もあります。

◆ ワインの飲み方 ◆

❶ワインを飲むときは、グラスの脚の部分を持ちます。

❷グラスを少し持ち上げ、自分の前まで水平に移動させます。次に垂直に口元に持っていきます。

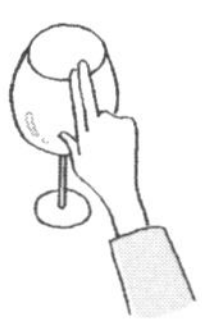

❸右手の人差し指と中指をグラスのふちに当てると「もう結構です」という意味です。

まとめ

❶ 予約時に苦手な食材やアレルギーについて相談する
❷ ドレスコードがあるかどうか確認する
❸ スタッフを呼ぶときは大声を出さずに手を挙げる

日本料理のマナー

大きな器は手に持たずに食べます。器のふちに左手を添えて食べましょう。

小皿や茶碗類は手に持ち正しい箸づかいで食べる

日本料理は、箸と器を正しく扱うことがマナーの基本です。箸を正しく持ち、使わないときには、箸置きに置くようにしましょう。

茶碗や小皿は、手に持って食べますが、大きな器は持ちません。左手を器に添えて食べましょう。迷い箸や寄せ箸などはNGです。普段の食事から気をつけましょう。

◆ 手に持ってよい器・持たない器 ◆

① 先付
② お吸い物
③ 刺身
④ 焼き物
⑤ 煮物
⑥ 揚げ物
⑦ 蒸し物
⑧ 酢の物
⑨ ごはん、止め椀
⑩ 水菓子

持ってよい器は、②⑤⑦⑧⑨です。
③のしょうゆ皿は持ってもOKです。

◆ 器や箸の正しい扱い方 ◆

いったん箸を置き、器は両手で持ちます。

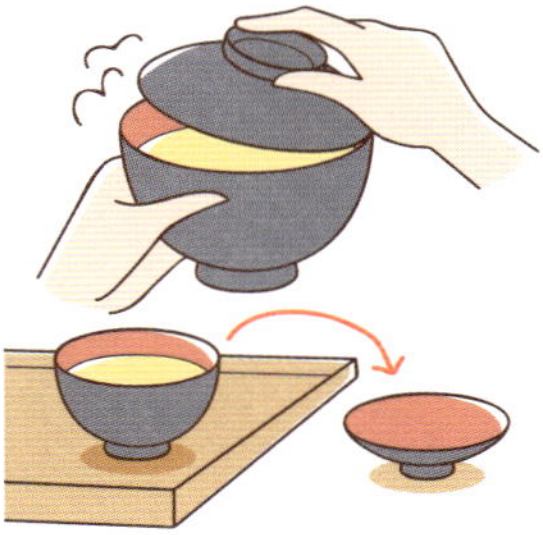

蓋は会席料理では折敷の外、もしくは器の右横か少し上に置きます。食べ終わったら、蓋を元に戻しましょう。

※折敷…角盆のこと

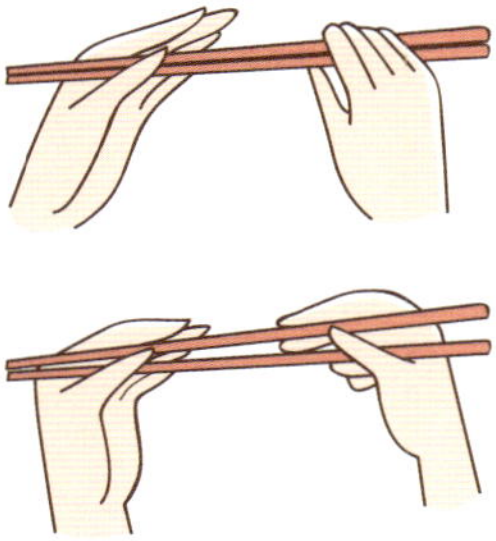

箸は右手で持ち上げ、左手を添えます。右手をすべらせて箸の下を支えるように持ち替えましょう。

◆ このふるまいはマナー違反！ ◆

上品に思われがちですが、手皿はNGです。小皿を使うようにしましょう。

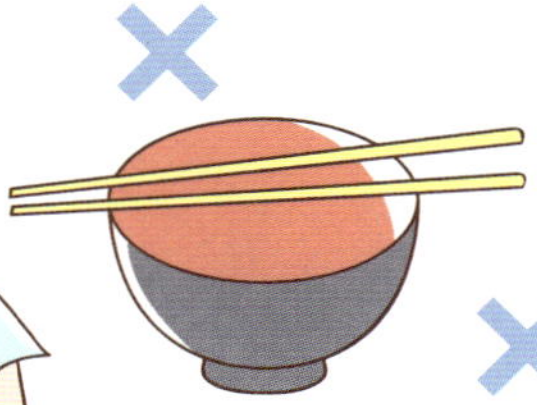

器の上に箸を渡す「渡し箸」はNGです。箸置きに置きます。

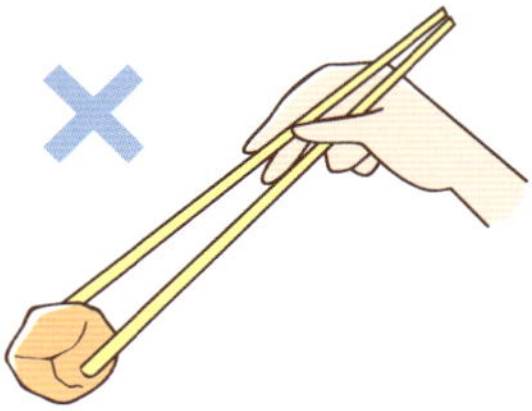

箸を逆さにして取り箸にするのはじつはマナー違反です。

食べ終わったあとの貝殻は蓋にのせてはいけません。

まとめ

1. 大きい器は手に持たず、左手を添えて食べる
2. 箸はお椀の上などに置かず、箸置きを使う
3. 汁物の貝殻は蓋にのせない

会席料理の食べ方

刺身や焼き魚の正しい食べ方を覚えて、お皿がきれいになるように食べましょう。

盛り付けや器も楽しみながら料理の味を堪能する

日本料理は、毎日の食卓と同じようなメニューもありますが、かしこまった席では、意外と正しい食べ方がわからず、困ってしまうことも。

日本料理の中でも宴席や法要などで食べる機会が多いのが会席料理です。

器や盛り付けは、季節に合わせて趣向が凝らされており、舌だけでなく目でも楽しむことができます。器や盛り付けなどもじっくり味わいながら、食事をしましょう。

会席料理は、先付から水菓子まで、順番に出されます。とくに食べ方に迷うものについて説明します。

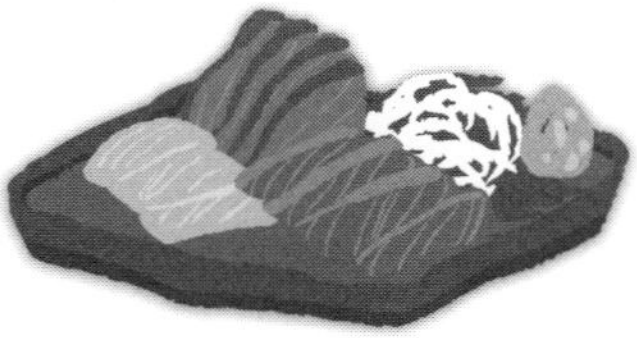

◆ 会席料理の食べ方 ◆

先付は季節の食材の前菜。端から順、または左、右、真ん中の順に食べましょう。

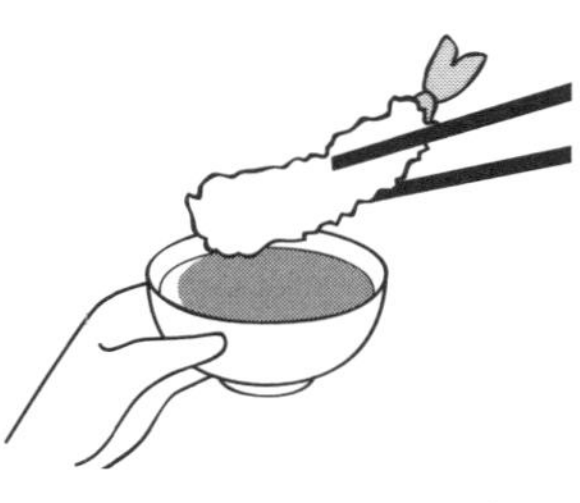

天ぷらのつゆの器は手に持ってOKです。揚げ物が盛られたお皿は持ちません。

◆焼き魚の食べ方◆

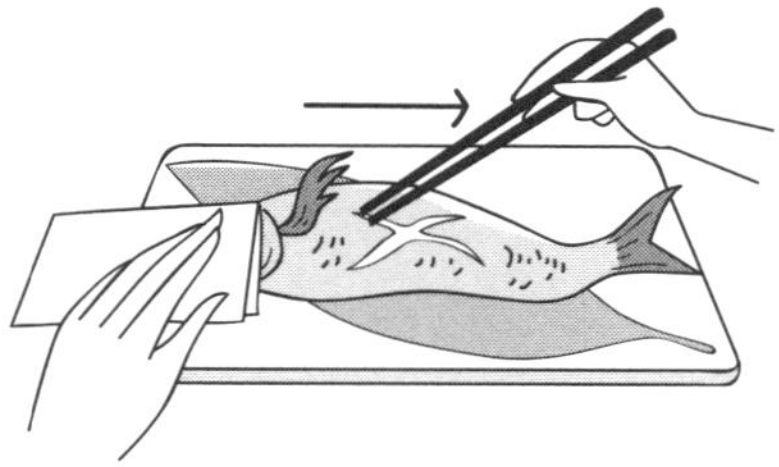

❶左から箸でほぐして食べます。身がほぐれにくいときは、懐紙で頭の部分を押さえながらほぐすとよいでしょう。

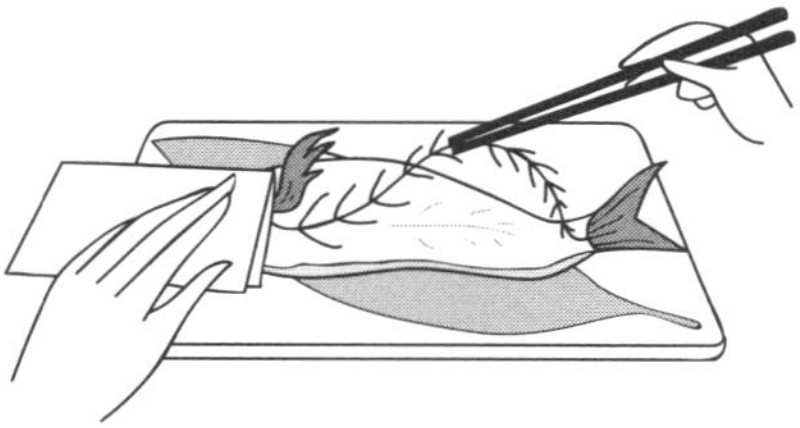

❷上の身を食べ終えたら、箸で尾の部分をはさみ、中骨を持ち上げて頭も一緒に外します。

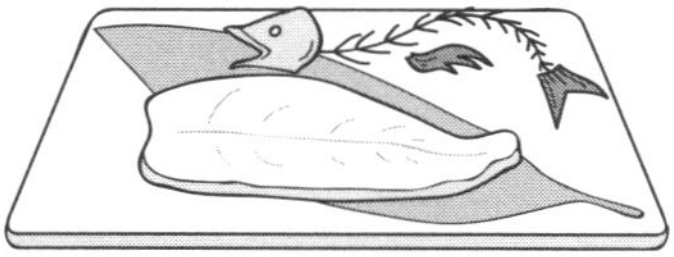

❸頭骨、尾を向こう側に置き、下の身をほぐして食べます。骨や皮は皿のすみにまとめておきます。

◆刺身の食べ方◆

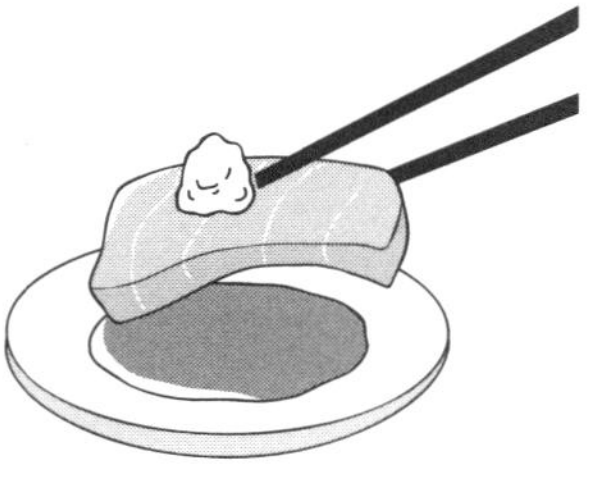

わさびはしょうゆにつけず刺身にのせます。刺身をしょうゆをつけて食べましょう。

◆茶碗蒸しの食べ方◆

器の内側に沿ってスプーンを差し込んでぐるりと回します。または、そのまま手前からひと口ずつ食べます。

まとめ

1. 器や盛付けを楽しみながら味わう
2. わさびは刺身の上にのせる
3. 焼き魚は裏返しにしないで骨を外してから食べる

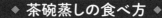

中国料理の食べ方とマナー

取り皿は料理ごとに取り替えて、手に持たずに食べましょう。円卓は時計回りの方向に回します。

料理は人数分を注文し座ったまま取る

中国料理では、円卓で大皿料理を大勢で囲んで食べるのが楽しみのひとつです。

かならず全員に料理が行き渡るように、料理を人数分注文するようにしましょう。

料理が運ばれてきたら、円卓を時計回りに回して、順番に座ったまま自分の分だけ料理を取ります。取り皿は料理ごとに替えましょう。

◆ 円卓でやってはいけないこと ◆

ターンテーブルを回すので、ひとりがみんなの分を取り分ける必要はありません。

料理は立って取らず、座ったまま取ります。

取り分け用のスプーンなどがターンテーブルからはみ出さないようにしましょう。

取り皿を手に持って食べてはいけません。また、料理ごとに取り皿を替えましょう。

円卓の席次

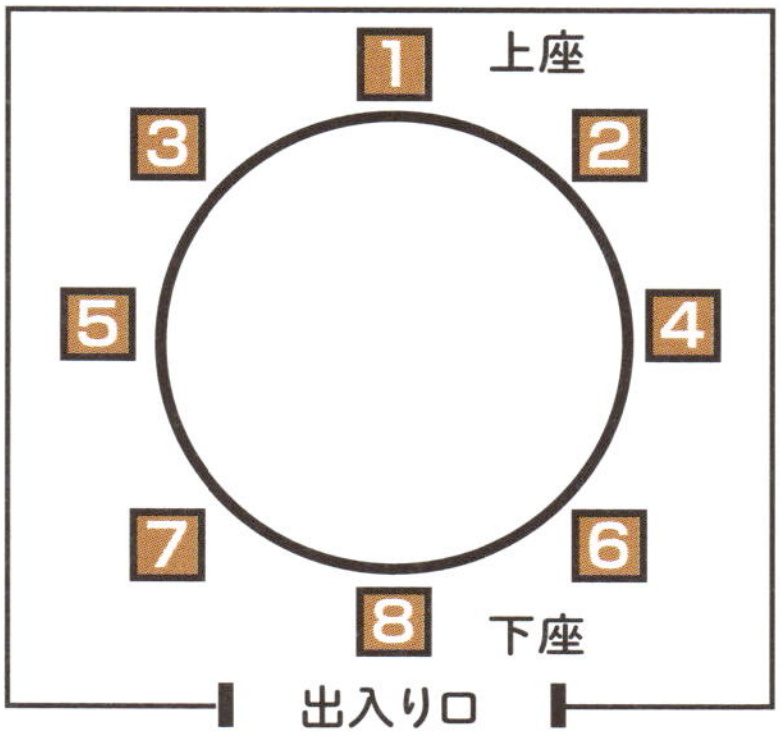

出入り口からもっとも遠いところが上座で、出入り口に近いところが下座です。

中国料理の食べ方

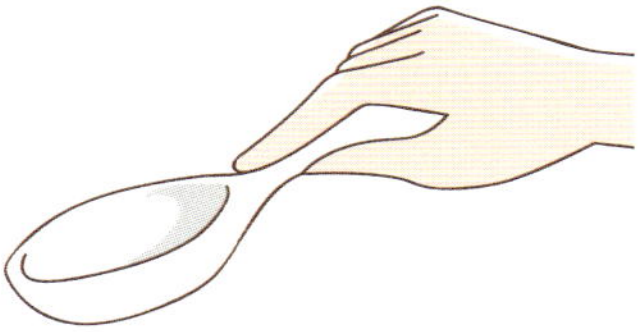

れんげは柄の溝に人差し指をあて、親指と中指でつまむように持ちます。

麺類は、箸ですくい、左手に持ったれんげで受けて食べましょう。

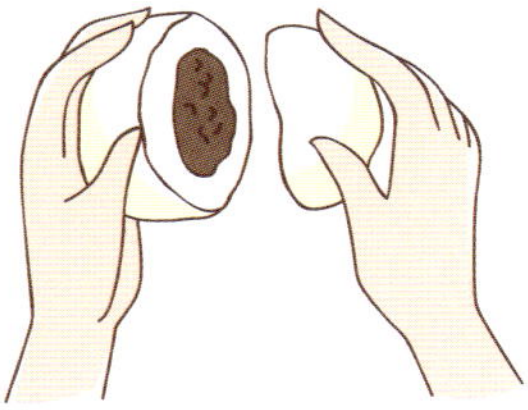

まんじゅうは、手でひと口大に切って食べましょう。

れんげに小籠包をのせて、箸で皮を少し破り、スープをれんげの中に出します。このスープを、先に飲みましょう。

まとめ

1. 円卓は時計回りに回して各自料理を順番に取る
2. 取り皿は料理ごとに替え、手に持たずに食べる
3. 麺類や小籠包はれんげを使って食べる

立食パーティーのマナー

食事だけでなく、参加者との交流を楽しみながら、食べ切れる量だけ料理を皿に取りましょう。

前菜、主菜と順番を守り、参加者との会話も楽しむ

結婚式や同窓会、子どもの謝恩会などを、立食パーティーで行なうケースが増えています。意外と知られていないのが、立食でのビュッフェスタイルのマナーです。

立食パーティーは、食べるだけでなく、参加している人との交流も目的のひとつです。仲間うちだけで盛り上がったり、ただ食べているだけだったりということがないように気をつけましょう。会話を楽しむ際には、入り口、配膳台の前、バーカウンターの前では立ち止まらないようにします。

配膳台には、前菜、主菜、デザートと順番に料理が並べられています。最初からデザートだけを取るようなことはせず、前菜から順番にいただくようにしましょう。

皿を複数枚持つのはマナー違反です。１枚だけ持ち、食べきれる量だけを取ります。皿からはみ出すような取り方はＮＧ。次の人のことも考え、料理をきれいに取り、サーバーを取りやすいように戻すなどの気配りを忘れないようにしましょう。

◆ ビュッフェでのマナー ◆

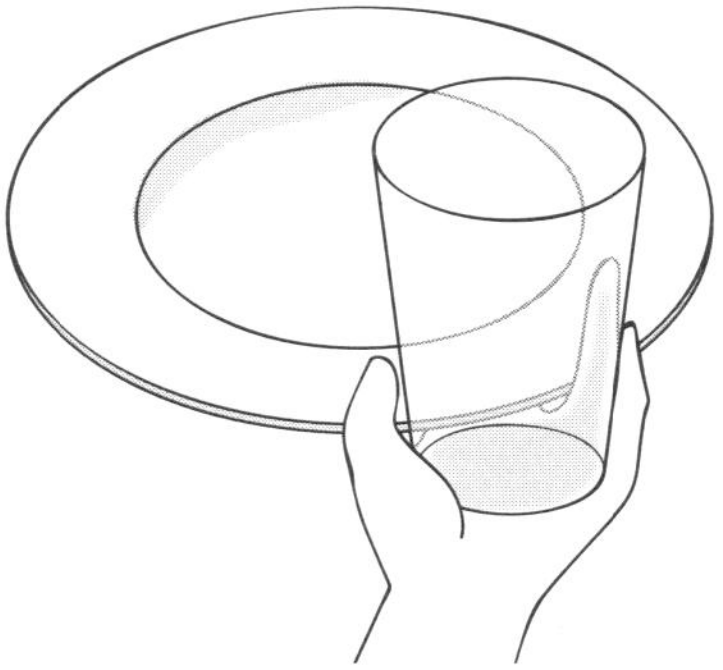

料理を取りに行くときは、ひとりひと皿が基本です。ほかのテーブルにうつるときは、グラスとお皿を左手で持ちます。

多くの人と会話をするように心がけましょう。まずは、自己紹介をするのがマナーです。

料理は少量ずつ取るようにします。

食べ終わったあとの皿は配膳係に渡すか、各自のテーブルの上に置いておきます。配膳係が対応してくれます。

まとめ

1. 食事だけをするのではなく、多くの参加者と交流を楽しむ
2. 料理は前菜、主菜と順番に、食べ切れる量だけを取る
3. 次に料理を取る人のことを考えて、料理はきれいに取る

子どもを連れて行くとき

外食をする場合、子どもの入店が可能か確認しましょう。個室を予約しておくと安心です。

ぐずり対策をして周囲に迷惑をかけない

フォーマルなレストランや格式の高いお店では、子ども連れでの入店ができないことが多いのが現実です。事前に確認してから訪れましょう。

　幼い子どもを連れて来店する場合は、個室を予約するなど、周囲への配慮が必要です。

　個室がない場合は、子どもが退屈しないような対策をして行きましょう。

◆ 連れて行くときの注意点 ◆

お店にあらかじめ子ども連れでも大丈夫か、確認しておくとよいでしょう。

ベビーカーを使用している場合は、ベビーカーのままでも入店可能か確認しておきましょう。

フォーマルなレストランなどでは、子どもの服装にも気を配ります。シャツやジャケットを着せるようにしましょう。

お店でのマナー

あらかじめお店に確認して、個室を予約しておくと、より安心です。

出入り口に近い席に座り、子どもがぐずってしまったときに、すぐに店の外に出られるようにします。

個室がない場合の対策

子どもがぐずってしまったときのために、絵本や音のしないおもちゃ、子ども用の飲み物などを持参しましょう。

まとめ

1. 子連れで入店できるか事前に確認する
2. 個室を予約する
3. 絵本などを持参し、ぐずり対策をして行く

お酒の席でのマナー

ビールや日本酒は両手でつぎましょう。盃やグラスは両手で持ってついでもらいます。

目上の人には気を配りお酒をすすめる

忘年会、新年会、発表会の打ち上げなど、お酒の席に参加する機会は多いものです。

同窓会では恩師が、職場やＰＴＡの忘年会では、上司や先輩、先生が同席します。

目上の人には、乾杯のときやグラスが空になっていたら、お酒をつぐ気配りが大切です。

グラスにまだ残っていたら、無言でつぎ足してはいけません。ひと言「いかがですか？」と声をかけてからにしましょう。お願いされたら、両手を添えて注ぎましょう。

逆にすすめられたら、グラスを両手で持って注いでもらいます。飲めない人は正直にそのことを告げ、ソフトドリンクをついでもらいましょう。

少し緊張する会でも、アルコールが入るとすぐに打ち解けて親睦を深められるのがお酒の席のメリットです。

ただ、お酒が得意な人も飲みすぎると酔いつぶれたり、具合が悪くなったりして、周囲に迷惑をかけてしまいます。お酒を飲むのはほどほどにしておきましょう。

◆ お酒の席でのふるまい ◆

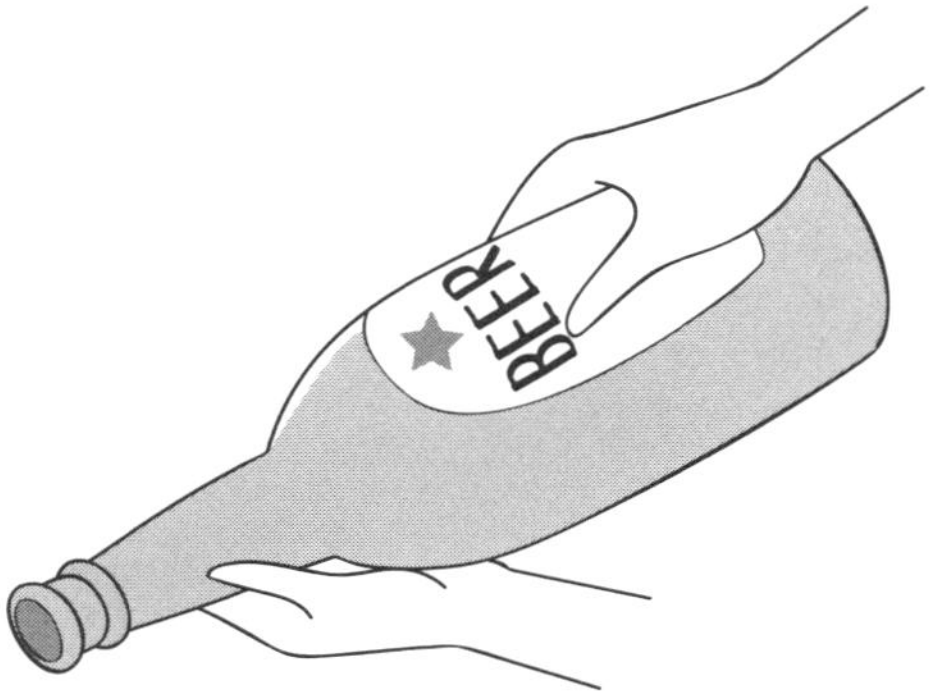

ビールはラベルを上にして、びんを右手でしっかりとつかんで、左手で口のところを持って支えます。最初は静かに、途中から勢いよく注ぎ、少し泡を立てます。

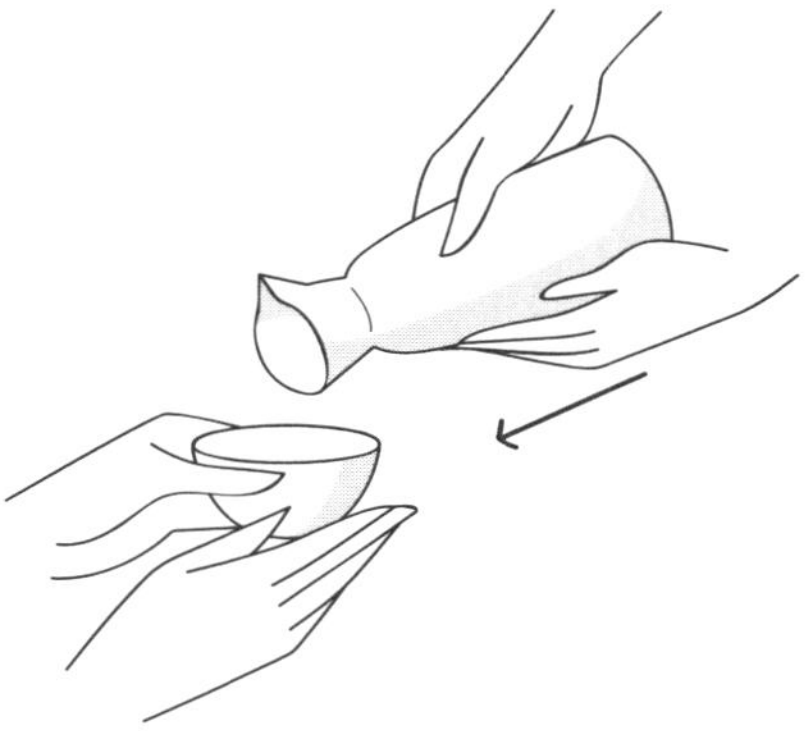

銚子やとっくりは右手で持ち、かたむけます。左手をすべらせて口のところに持っていきながら口を持ち上げテコのようにして注ぐといいでしょう。少しずつ注いで、8～9分目で止めます。

お酒をすすめられたら、グラスや盃を両手で持ちます。ワインの場合はグラスは持たずに置いたままで注いでもらいます。

飲み口はきれいにしておくのがマナー。口紅は拭きます。指でさりげなく拭くのもOK。

まとめ

1. 目上の人のグラスには気を配り、空になっていたらお酒をつぐ
2. 飲めない人はソフトドリンクをついでもらう
3. グラスの飲み口に口紅がついたら拭く

お茶会の作法

和菓子は取ったら懐紙にのせます。抹茶は茶碗を時計回りに回してから飲みましょう。

時間を気にするのはNG
亭主に感謝の言葉を述べる

お花見や庭園、お寺などで、お茶会の席に参加する機会があります。

正式な茶会でなければ、茶道の流派や完璧な作法は必要ないのですが、少しでもお茶の作法を知っていれば、あわてないですみます。

時間を気にするのは失礼にあたるので、時計は外しておくのがマナーです。

◆ 和菓子の食べ方 ◆

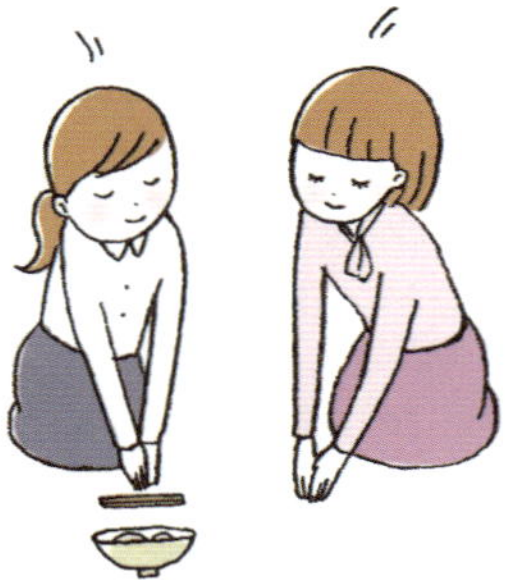

❶「お先に」と、後ろの人に一礼します。亭主に菓子鉢を少し持ち上げて押しいただいたあと、自分の分を取ります。

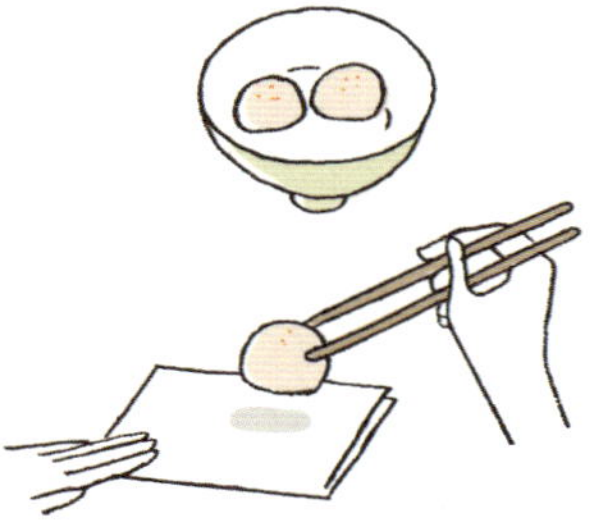

❷懐紙の輪を自分のほうに向けて置きます。箸で和菓子を取ったら、懐紙にのせます。

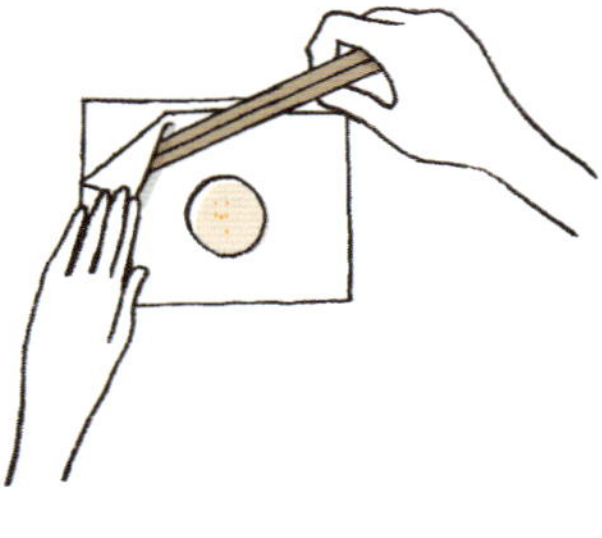

❸和菓子を取ったあと、懐紙で箸先を拭きます。

❹和菓子を懐紙ごと胸の高さに持ち、ようじで少しずつ切って食べます。

抹茶の飲み方

❶後ろの人に「お先に」、亭主に「お点《て》前《まえ》ちょうだいいたします」と伝えて茶碗を両手で持ちます。

❷時計回りに2回茶碗を回します。

❸抹茶をいただきます。飲む回数に制限はないので、何度でも飲むことができます。

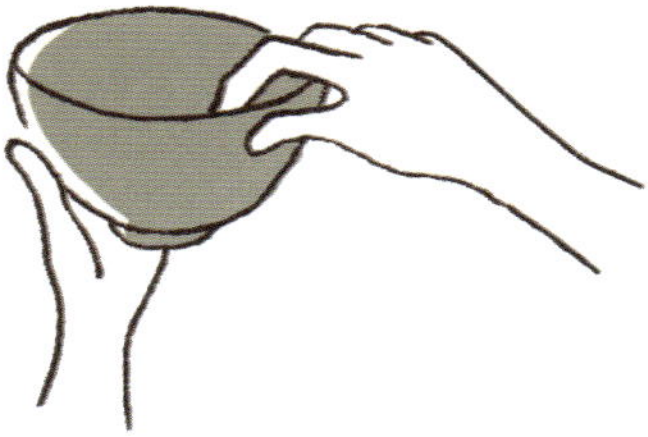

❹茶碗を置いて飲み口を人差し指と親指で拭いたあと、❷と反対に回します。指を懐紙で拭きます。

まとめ

1. 茶会には時計、コート、帽子は外して参加する
2. 後ろの人に「お先に」と声をかける
3. 飲み口を指で軽く拭き、拭いた指は懐紙で拭く

「トイレに行くタイミングがわかりません」

料理が下げられたときや、食事とお茶の合間に席を立つ

基本的には食事中にトイレに立つのはマナー違反です。そうならないように、店に入って着席する前や、料理を注文して料理が出てくる前に、トイレをすませておくようにしましょう。

どうしてもガマンできなくなってしまったときには、料理が下げられて、次の料理が出されるまでの間や、メインの料理が終わり、お茶が出されるまでの間などに、席を立つとよいでしょう。

PART

7

訪問・もてなし・おでかけ

訪問

訪問準備と玄関でのマナー

予定より早い到着はNG。コートは外で脱ぎます。ドアは後ろ手で閉めないように注意しましょう。

食事時間を外して訪問するのがマナー

友人や知人などよそのお宅を訪問するときには、あらかじめ連絡を入れておくのがマナーです。訪問時間は、食事の時間を外しましょう。

予定時刻よりも早めの到着は、相手をあわてさせてしまいます。予定よりも5分ほど遅れて訪ねるとよいでしょう。

コートは玄関の外で脱いでから訪問します。

◆ コートのたたみ方 ◆

❶ 両肩に両手を入れます。

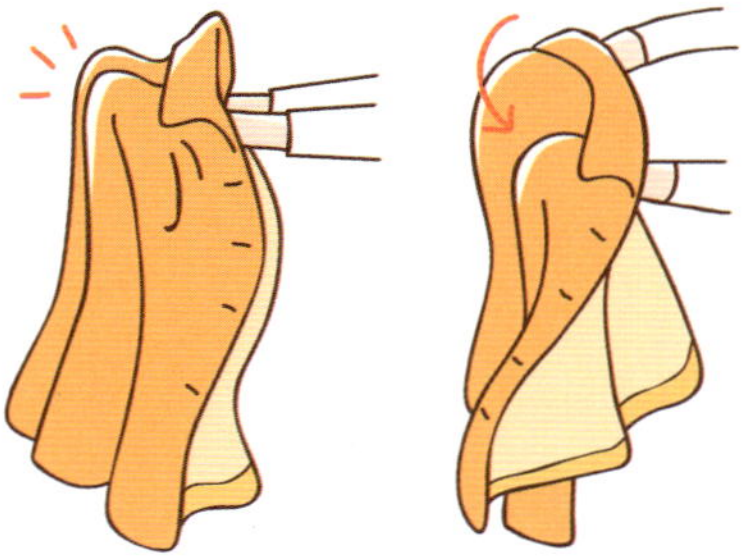

❷ 裏返します。

❸ 裏地が表に出ている状態でふたつ折りにして、腕にかけます。

◆ 玄関先でのマナー ◆

❶ チャイムを鳴らす前に身なりを整えます。コートを着ている場合は、ここで脱ぎ、腕にかけます。

❷ チャイムを1回鳴らします。何度も続けて鳴らすのはNGです。

❸ 相手がドアを開けてから玄関に入ります。ドアを閉めるときは完全に後ろを向かず体を斜めにして。

◆ 靴・コートの扱い方 ◆

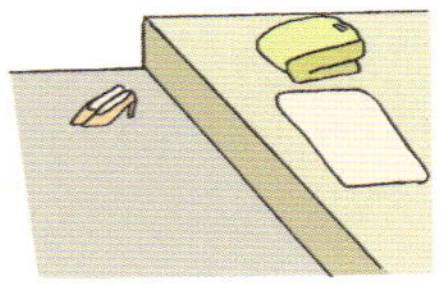

❶ 簡単な挨拶をして、上がるようにすすめられたら、前を向いたまま靴を脱いでスリッパの横に上がります。

❷ 相手にお尻を向けないように斜めに振り返ってひざをつき、靴の向きを直します。このあと、スリッパを履きます。

❸ コートは裏返しにして簡単にたたみ、マフラーなども玄関を上がったところの端に置きます。預かってもらえるようなら、預けましょう。

まとめ

1 予定時刻よりも5分ほど遅れて訪問する
2 靴は、上がってから向きを変える
3 コートは、玄関にたたんで置く

訪問

お茶の飲み方・お菓子の食べ方

カップはつまみを持つだけで左手は添えません。ケーキは左側か手前から食べましょう。

お菓子の種類で食べ方の所作が違う

訪問先でお茶やお菓子を出されたときに、お茶碗やカップの正しい持ち方を知っておくと所作が美しく見えます。

日本茶の場合は、右手で茶碗を持ち、左手の上に乗せて右手を添えて飲みます。

蓋つきの茶碗の場合は、蓋を持ち上げたら、縦にして、茶碗の中にしずくを落とします。

生や半生の和菓子は、皿や懐紙ごと手に取ります。黒文字（和菓子専用の竹ぐし）でひと口大に切り、刺して食べます。おだんごは串から外して、ひとつずつ食べます。らくがんやかりんとうは、そのまま手でつまんで食べましょう。

コーヒーや紅茶を出された場合は、カップのつまみを右手で持ち上げますが、左手は添えないよう注意しましょう。

三角形のケーキは鋭角が左側か手前になるように置き、左側か手前からひと口ずつ切って、フォークで刺して食べます。

食べ終えたら、セロファンや敷紙でフォークの汚れたところを隠して、皿の奥に腹側を上に向けて置きます。

◆ 紅茶の飲み方 ◆

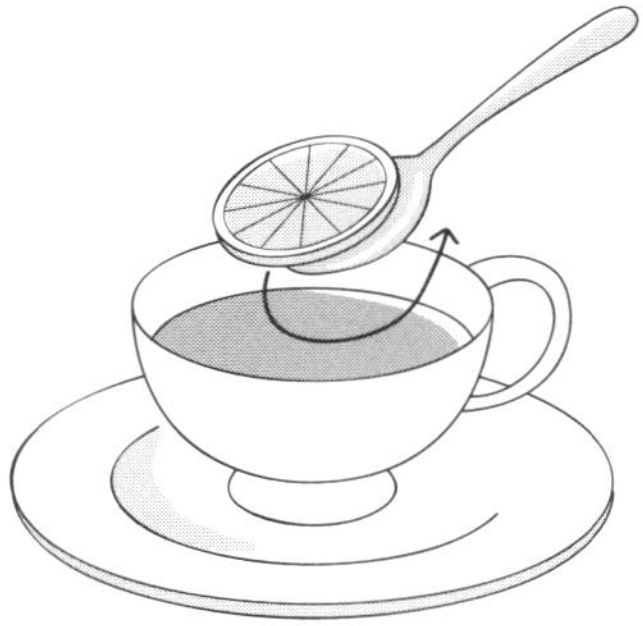

レモンティーの場合は、スライスレモンを中に入れ、スプーンで軽くひと混ぜしてから、取り出します。

使い終わったスプーンは、しずくをたらさないように、カップの向こう側のソーサーの上に置きます。
右手でカップを持って飲みます。左手は添えません。

◆ ケーキの食べ方 ◆

❶ まわりのセロファンをフォークではさみ、巻き取ります。セロファンは手前に置きましょう。

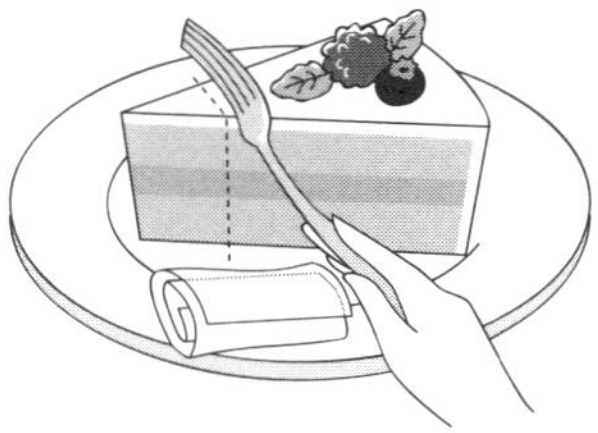

❷ ケーキを左側からひと口ずつ切って食べます。ミルフィーユなど切りにくいものは横に倒して食べます。食べ終わったら、フォークの先をケーキのセロファンや銀紙などで包みましょう。

まとめ

1. ひと口大に切り分けた和菓子は刺して食べる
2. らくがんやかりんとうなどの干菓子は手でつまんで食べる
3. ケーキを食べ終えたらフォークの先をセロファンなどで包む

訪問

洋室でのふるまい

部屋に入ったら、背筋を伸ばして立ったまま挨拶します。案内されなければ下座に座りましょう。

玄関先よりも丁寧に挨拶をする

洋室ではイスやソファーに座る前に、立ったまま挨拶をします。挨拶するときは、ハンドバッグ以外の大きな荷物を足元に置きましょう。立ったままのおじぎは、背筋を伸ばしたまま上半身を倒します。

相手にすすめられてから、イスやソファーに座ります。座る前に「失礼します」などと言いましょう。

◆ 洋室の上座・下座 ◆

【同じイスの場合】

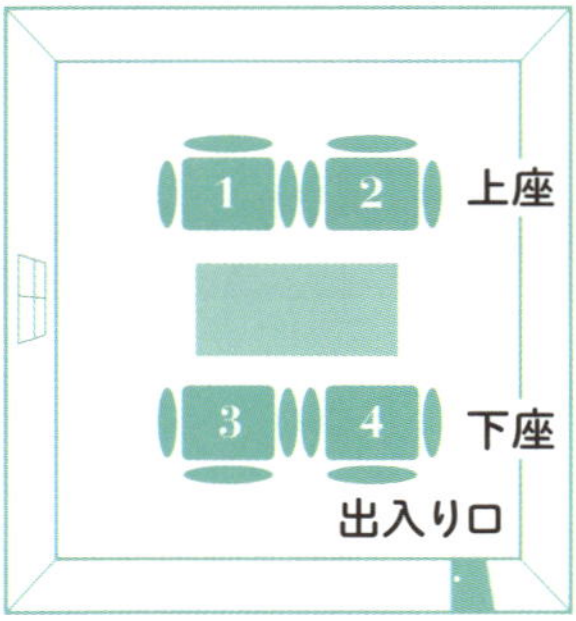

出入り口からいちばん遠い席が上座です。座席を指定されなければ、下座に座りましょう。

【種類の違うイスの場合】

イスの種類別では、①長イス、②ひじ掛けイス、③ひじ掛けなしのイス④スツールの順に上座が決まります。

◆ 洋室でのマナー ◆

【ノックをする】

洋室のドアが閉まっている場合は、ノックしましょう。

【座る】

相手にすすめられたら、ひと言断わりを入れてから座ります。

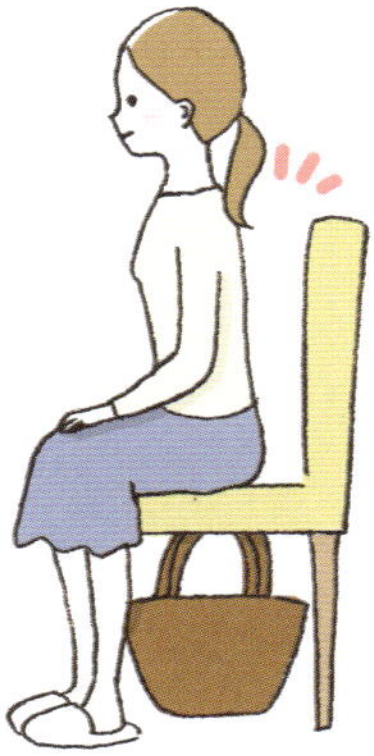

【バッグを置く】

イスには浅く腰掛け、大きいバッグは足元、ハンドバッグは背もたれと腰の間に置きます。

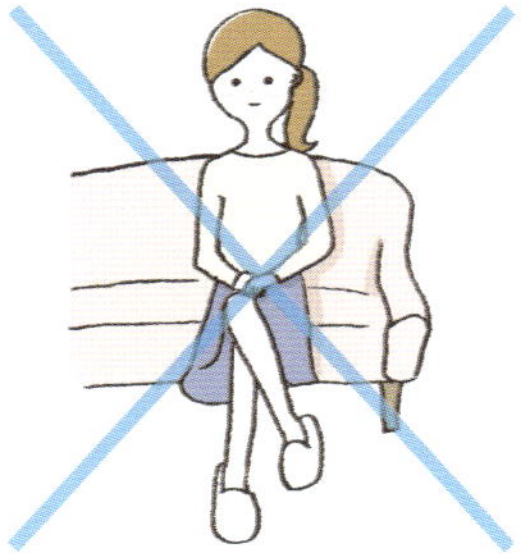

【座り方】

足を組むのは、横柄に見えるのでNGです。浅く腰掛けて背中を背もたれにつけないようにします。

まとめ

1. 座る前に立ったまま丁寧におじぎをする
2. 大きな荷物は足元に置き、ハンドバッグは背もたれと腰の間に置く
3. すすめられてからイスに座り、浅く腰掛ける

訪問

和室でのふるまい

部屋に入ったら座ってふすまを静かに閉めます。挨拶をするときは座布団を外しましょう。

畳に両手をついて挨拶をする

和室に通されたら、まず座ってふすまを静かに閉めます。立ったままでふすまを閉めたり、挨拶したりするのは失礼にあたります。

上座をすすめられても、まずは下座の座布団を外した位置に正座しましょう。

しばらく相手に待たされたとしても、座布団は使わないで待つのがベストです。

相手が座ったら、正面に向き合って、玄関よりも丁寧に正式な挨拶をします。

挨拶をするときは、畳に両手をつき、背筋を伸ばして上半身を倒します。

挨拶が終わり、手土産を渡したら、すすめられてから座布団に座りましょう。

最初は正座できちんと座るのがマナーです。「足をくずして楽に……」とすすめられてから、横座りにするなど足をくずしましょう。

和室で気をつけなくてはならないのが、敷居と畳のへりです。トイレに立つなど、移動するときには、どちらも踏まないように気をつけましょう。

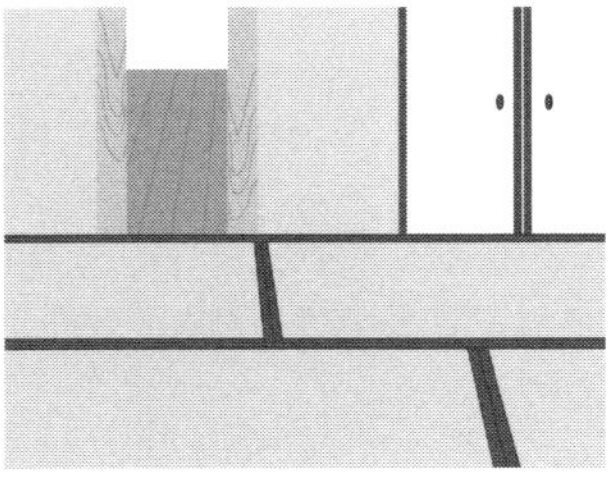

◆ 和室の上座・下座 ◆

【 床の間ありの部屋 】

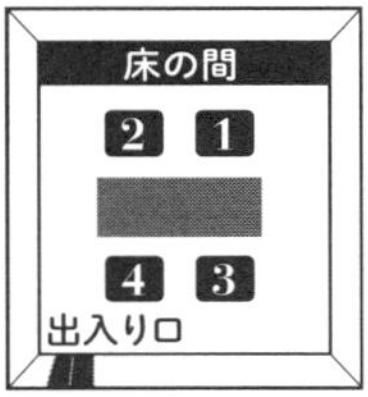

出入り口から遠い席で、床の間の前が上座。

【 脇床または押入れと床の間ありの部屋 】

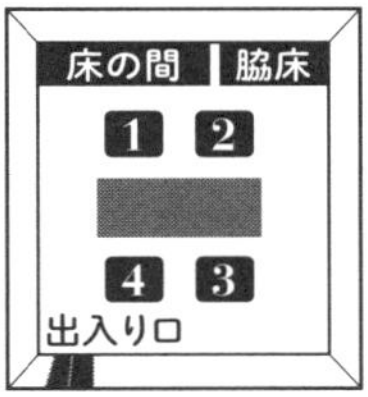

床の間の前が上座。

【 床の間がない部屋 】

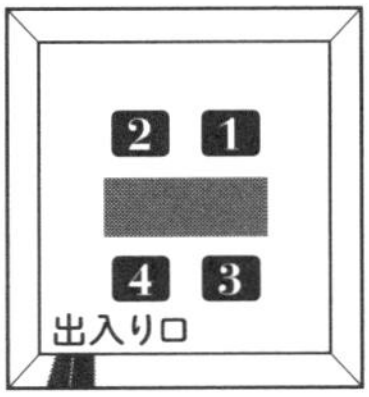

出入り口からいちばん遠い席が上座。

◆ おじぎの作法 ◆

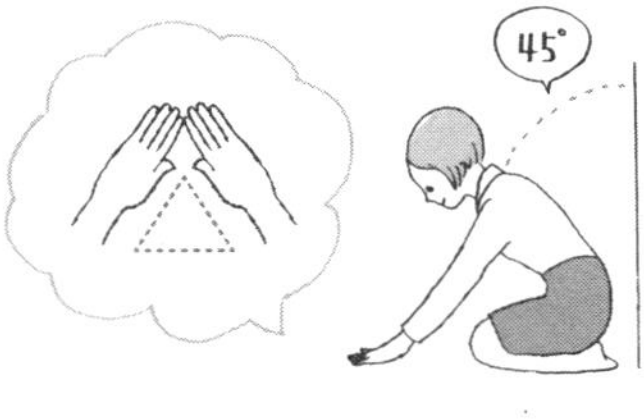

ひざをついて両手を前につき、45度ほど上半身を倒します。手は△の形を意識します。

◆ ふすまの開け閉め ◆

❶「失礼します」と声をかけてから、引き手に近いほうの手を引き手にかけて5cmほど開けます。

❷ 引き手にあった手をふすまのふちに沿って少し下げ、下から15～20cmのところの親骨（ふすまの枠）に手をあてて、体の半分ほど開けます。

❸ 手を替えて親骨を持ってさらに引き、体が入る程度まで開けます。全部開けずに引き手部分は残しましょう。

❹ にじりながら部屋に入り、ふすまに近いほうの手で親骨を握り、半分ほど閉めます。手を替えて親骨をつかみ、残り5cmほどの位置まで閉めます。

❺ 引き手に手をかけて全部閉めます。

まとめ

1 和室に通されたら下座の座布団を外した位置に正座をして待つ
2 先に手土産を渡し、すすめられてから座布団に座る
3 移動のとき、敷居や座布団、畳のへりを踏まないよう注意

訪問

おいとまの作法

用件がすんだら会話を楽しみ、1時間以内でおいとましましょう。引き留めは社交辞令と考えて。

長居したことをこちらから切り出す

訪問先では、用件がすんだら、会話を楽しみましょう。ただ、いくら親しくても長居は禁物。長くてもだいたい1時間を目安にして、時間がきたら、「すっかり長居をしてしまいまして……」「そろそろ、おいとまさせていただきます」と伝えます。

相手に引き留められても、社交辞令と考え、失礼しましょう。

長居しないためのマナー

話の切れ目で、こちらからおいとまを切り出しましょう。長居は厳禁です。「そろそろおいとまいたします」と、こちらから切り出したあと、引き留められても「せっかくですが……」などと言って遠慮します。

予定になかった食事のお誘いは断わっても失礼にはあたりません。ただ、すでに準備されている場合は「お言葉に甘えて……」と、言ったほうがよろこばれます。

おいとまの作法

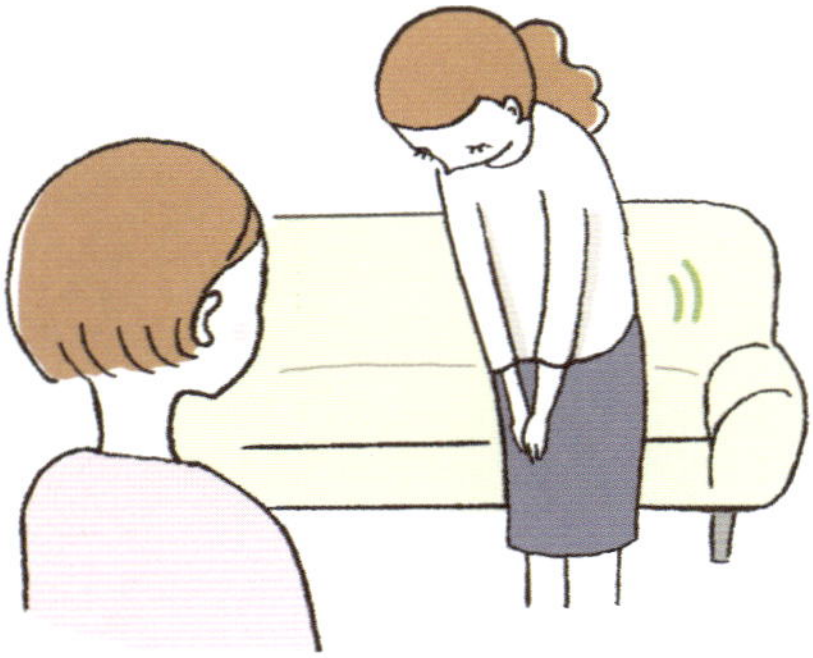

❶ 洋室の場合はイスから立ち上がり、和室なら座布団から下りて、お礼を述べます。

❷ 玄関では、玄関のほうを向いたままスリッパを脱いでそのまま靴を履き、相手のほうに向き直って腰を下ろし、スリッパの向きを直し、隅に置きます。

❸ 玄関で簡単な挨拶をしてから外へ出ます。コートは外で着ましょう。

まとめ

- **1 話が弾んでも1時間以内には帰るようにする**
- **2 予定にない食事のお誘いは断わっても失礼にはあたらない**
- **3 帰る際、玄関でスリッパの向きを直すのを忘れずに**

訪問

子どもを連れて行くとき

乳幼児は連れて行かないほうが無難です。連れて行く場合は、玄関先で失礼するなど、手短に。

相手先が気を使うので子ども連れは控える

親しい間柄でない場合や、相手に小さい子どもがいないようなお宅を訪問する場合には、乳幼児を連れて行くのを避けたほうが無難です。

乳児の場合、訪問先で授乳したり、オムツ替えをしたりすることになるかもしれません。

いくら自分で授乳ケープやミルク、オムツなどの準備を万全にしても、別室を借りることになったり、お湯を沸かしてもらったりと、相手先に手間をかけたり、気を使わせてしまうことになりかねません。

また、幼児の場合は、知らないお宅へ行くと、物珍しさからいろいろな物を触ったり、はしゃいだりしてしまいます。

大人の用件で訪問するときには、連れて行かないようにしましょう。

どうしても子どもを連れて行く場合には、子どものお気に入りのおもちゃや絵本などを持参して、手短に用件をすませましょう。玄関先で失礼するのもよいでしょう。

◆子連れで訪問するときのマナー◆

物を渡すだけなどの場合は、玄関先で失礼するとよいでしょう。

相手に伝えることをあらかじめ明確にしておき、手短に用件をすませるようにしましょう。

どうしても子どもを連れて行く必要がある場合は、おもちゃや絵本、おやつや飲み物などを持参しましょう。

まとめ

1. 親しい関係でなければ子ども連れでの訪問は控える
2. 用件を手短にすませるか、玄関先で失礼する
3. 連れて行くときはおもちゃや絵本、おやつを持参する

訪問

誕生会・お泊り会に招待されたら

出欠を早めに連絡し、招待された親同士であらかじめ連絡をとりあい、相談します。

プレゼントはあらかじめ予算を決める

未就学児の場合、親から招待のメールや案内状が届きます。小学生になると、子ども同士で誘うようになることも増えます。

誕生会では、人数によって食べ物や飲み物の数、お泊り会では寝具の数が変わるので、早めの返事がマナーです。

誕生会のプレゼントは、あらかじめ親同士で予算を決めておくとよいでしょう。

◆ 誕生会に招待されたときのマナー ◆

先方の準備に手間をとらせないため、早めに返事をするようにしましょう。

贈り物の値段の差が大きくなるのは避けたいところです。親同士で予算を決めておくのが無難です。

主役となる子より派手な格好にならないように洋服を決めてあげるとよいでしょう。

「贈り物は不要です」と言われた場合は、デザートなどの差し入れを。これも親同士で相談しておきましょう。

誕生会当日のふるまい

親同伴の場合、トイレや洗面所などに気を配ります。招待した側は忙しいので、子どもが汚しそうなところの面倒を見るようにするとよいでしょう。

親同伴の場合、招待した側の親は写真を撮る余裕がないことも多いので、写真やビデオを率先して撮るとよろこばれます。

お泊り会のポイント

汗をかいたり食べ物などをこぼしたりしたときに、相手のお宅のものを借りずにすむよう、着替えを多めに持たせるとよいでしょう。

アレルギーの有無は相手から聞かれたら遠慮なく伝えます。聞かれなければ、こちらから伝えるようにして、事前にトラブルを避けます。

よそにはよそのお宅のルールがあることを子どもに言って聞かせ、相手の親の言うことを聞くように伝えます。親同士では「おたがいさま」の意識を忘れずに。

まとめ

1. プレゼントの値段は事前に親同士で相談しておく
2. 誕生会では主役の子よりも派手な格好はしない
3. お泊り会では、着替えを多めに持たせる

もてなし

お客様を迎える準備

来客の20分前には準備を終えましょう。客の好みの茶菓を用意しておくと、よろこばれます。

歓迎の気持ちを込めて笑顔で出迎える

お客様を自宅に迎えるときは、相手が気持ちよく過ごせるように環境を整えることが第一です。まず、相手の好きな菓子や飲み物を準備します。わからなければ、事前に聞いておくと安心です。

家を清潔にしておくのも大切です。玄関やリビング、トイレなどは、入念に掃除をしておきましょう。とくに玄関は出迎える大事な場所です。中だけでなく外もほうきで掃き、家族の靴をしまって、スリッパをそろえておきましょう。ハンガーを用意しておくと、上着やコートを預かるときに便利です。

リビングのテーブルには、おもてなし用のテーブルクロスを敷き、和室なら座布団や茶器を用意します。

子ども連れでみえた場合に備えて、触られると困るもの、危険なものは片づけておきます。

お客様が早めに着いても困らないように、遅くとも約束の20分前までには、準備を完了しておきましょう。

チャイムが鳴ったら、待たせないようにすぐ出迎えます。笑顔で迎えると、相手の緊張もほぐれます。

◆ お客様の出迎え方 ◆

室内を適温にしておきます。

花を飾っておくと、もてなしの気持ちを表現することができます。

ペットを飼っている場合は、ケージに入れるなどして、お客様の前に出てこないようにします。

コート類を預かったら、用意しておいたハンガーラックにかけましょう。

◆ 気配り上手なおもてなし ◆

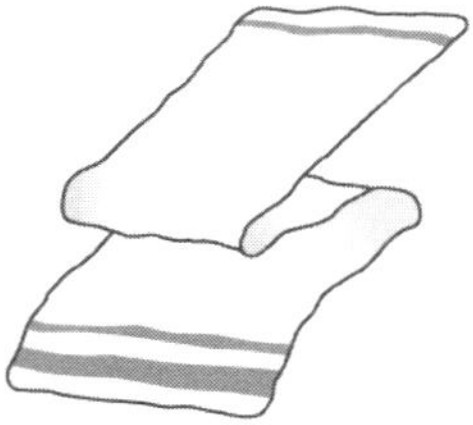

雨の日の来客は、服やバッグがぬれていることも。タオルを用意しておくとよいでしょう。

おしぼりを出すとよろこばれます。夏は冷たく、冬は温かいものを。

まとめ

1. 玄関は中も外も掃き、スリッパをそろえておく
2. リビングにはテーブルクロスを、和室には座布団や茶器を用意
3. チャイムが鳴ったらすぐに出迎えて待たせない

もてなし

部屋への案内と見送り

ふすまやドアを開けて部屋に入ってもらい、上座をすすめます。見送るときは手土産のお礼を忘れずに。

茶菓を用意するときは座って待ってもらう

お客様を部屋へ案内したら、上座にあるイスや座布団をすすめます。

茶菓の用意で部屋を出るときに、「おかけになってお待ちください」と言葉をかけると、相手も座りやすくなります。

お客様がおいとまを告げたら、引き留めるのが礼儀です。見送るときは、手土産のお礼を再度述べましょう。

◆ 部屋への案内の作法 ◆

廊下や階段では体を斜めにして、お客様にお尻を向けないように歩きます。

ふすまや障子は、ひざをついて座り、開けます。お客様に先に入ってもらいます。

引いて開けるドアは、ドアを引きながら下がり、お客様を先に通します。

押して開けるドアは、自分が先に入り、ドアを押さえてお客様に入ってもらいます。

お客様の見送り方

靴は両足の間を少し開けて、玄関の中央に置いておきましょう。コート類は着やすいように広げて渡しましょう。

マンションの場合、通常はエレベーター前まで送り、相手が乗り込んだら「ここで失礼させていただきます」と頭を下げます。

玄関では、お客様の訪問やお土産に対するお礼を伝えます。

マンションの場合でも改まった来客の場合は、エントランスやホールまで見送ります。

戸建ての場合、玄関先、もしくは門まで出て見送ります。お客様の姿が見えなくなるまでその場に立ちましょう。

まとめ

1. 部屋まで案内するときはお尻を向けない
2. 出迎えも見送りも部屋の入り口を開けてお客様を案内する
3. 部屋に入ったら上座をすすめる

もてなし

お茶・お菓子でもてなす

飲み物はお客様の希望を聞きましょう。茶菓はお盆にのせて運びます。お茶は右、お菓子は左側に出します。

和室と洋室ではお盆を置く場所が違う

お客様に出す飲み物の中でもコーヒーや紅茶の砂糖やミルクの有無など、とくにお茶の種類は好みが分かれるので、かならずお客様の希望を聞いてから出すようにしましょう。

お茶とお菓子を出すときは、お盆やトレイにのせて運ぶようにします。

日本茶は、糸底を拭いて茶托《ちゃたく》に茶碗をのせてセットしていきます。お客様の前で茶碗を触らないようにします。

茶碗に絵柄がある場合は、お客様のほうに絵柄を向けて出しましょう。

紅茶やコーヒーはキッチンでいれて出しますが、お客様の前でいれてもかまいません。

お客様から見て、右側にお茶を、左側にお菓子を出しましょう。置くときには、先に出した器の上を越えないように出すことが大切です。

数人のお客様をもてなすときは、上座に座っている人から順にお茶やお菓子を出しましょう。

お茶は、おおよそ30分を目安に入れ替えるとよいでしょう。なるべく、つぎ足すのはやめましょう。茶碗も替えるとより丁寧です。

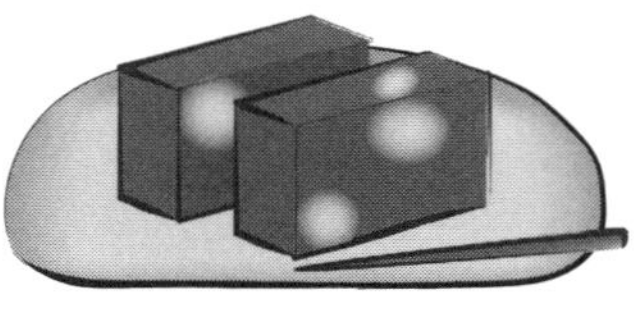

◆ 茶菓子の出し方 ◆

【洋室】

❶ お盆をテーブルの端、もしくはサイドテーブルに置きます。

❷ お客様から見て右から順に、おしぼり、お茶、お菓子と並べます。

【和室】

❶ お客様の脇の畳の上にお盆を置きます。

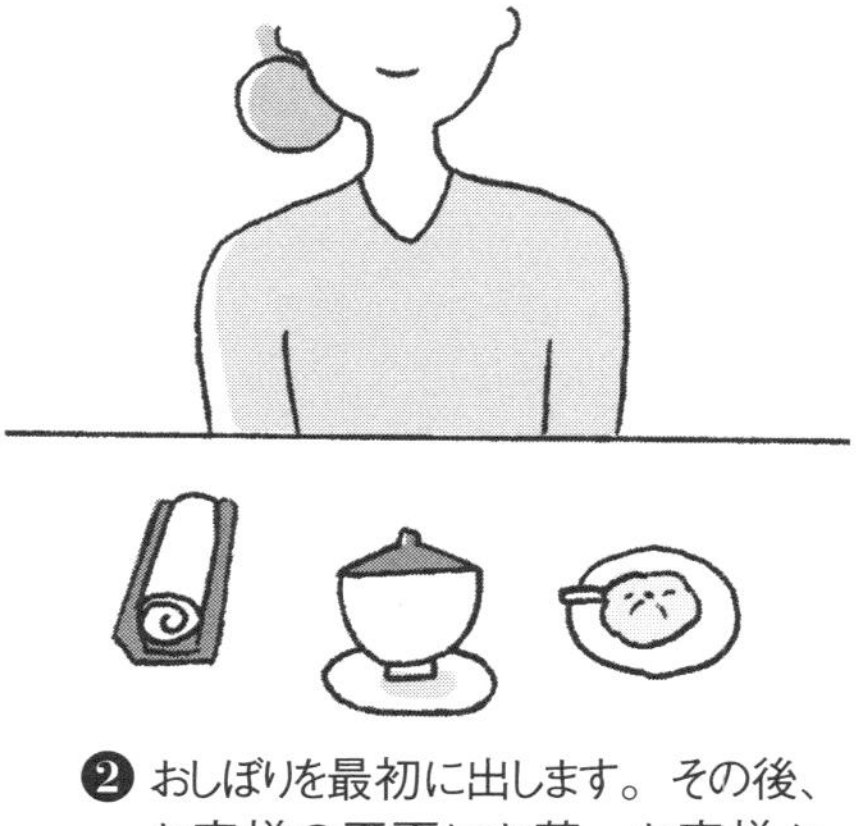

❷ おしぼりを最初に出します。その後、お客様の正面にお茶、お客様から見て左にお菓子を出します。

まとめ

❶ 茶碗の絵柄はお客様のほうに向けて出す
❷ 和室ではお盆を畳に置いてテーブルに茶菓を出す
❸ お茶は30分を目安に入れ替え、なるべくつぎ足さない

もてなし

食事でもてなす

できるだけ手料理を提供します。市販のお惣菜を使うときは、器に盛り付けましょう。

相手が食べやすいようにくふうする

食事でおもてなしする場合は、できれば手料理を出すのが礼儀です。

人数が多かったり、忙しかったりする場合には、仕出しやケータリングを使っても失礼にはあたりません。

オードブルはスーパーでもおいしそうに盛り付けていますが、せめて食器に盛り付けて出すようにしましょう。

和食膳でもてなす場合

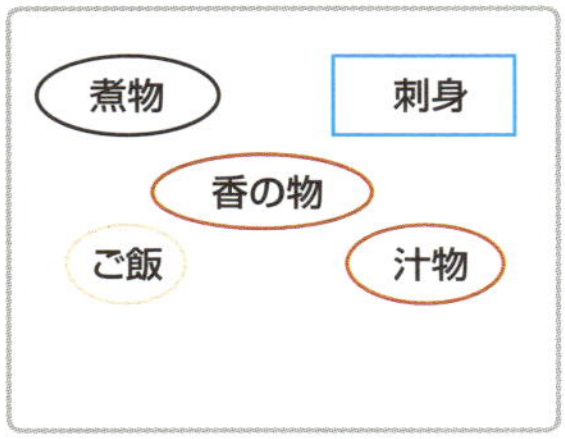

ご飯は左手前、汁物は右手前に置きます。

お皿の数は縁起のよい奇数にするとよいでしょう。

箸を置くときは、箸置きを用意しましょう。

魚は、お客様から見て頭を左にして腹を手前にします。煮物や和え物の上には、刻んだしょうがやゆずなどをのせます。

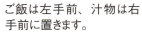

ホームパーティーのポイント

【大皿に盛る】

大皿料理で取り分けられるスタイルがおすすめ。食べたいものを食べたいだけ取れるようにするのも、おもてなしのひとつです。

【取りやすい料理】

取りやすいオードブルがいいでしょう。カナッペのように、誰でも気軽に食べられる料理を提供します。

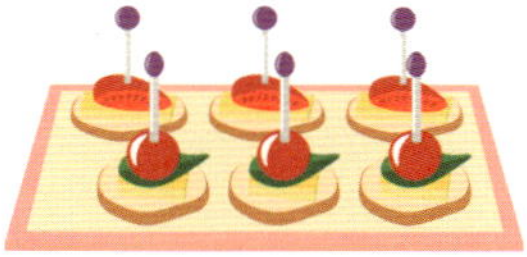

【見栄えのする料理】

手巻き寿司やちらし寿司は、見栄えがして、おもてなし満足度が高い料理です。子どもや高齢者にもよろこばれます。

【手土産を活用】

お客様が持って来てくれた手土産は、じつは持参した人の好物ということが多いもの。ひと言断われば活用しても失礼にはあたらないので、出しましょう。

まとめ

1. 大皿料理やちらし寿司はもてなしに適している
2. カナッペなど、取りやすい料理を提供する
3. お土産はひと言断わってから出す

もてなし

誕生会・お泊り会を開く

招待する人数は5～6人程度に。食物アレルギーや持病などは相手の親に聞いておきます。

誕生会は子どもの希望を聞く

誕生会は、子どもにとって一大イベントです。まず子どもに誰を招待したいのかを聞き、人数を把握しましょう。

低学年までは、何が起こるかわからない年齢なので、親の目が行き届くようにしたいもの。目が行き届くのはせいぜい6人まででしょう。人数によっては、親同伴にすることも考えてみましょう。

食事を出すのか、おやつだけにするかで開催時刻が変わってきます。

また、ケーキやおやつ、食事などは平等に行き渡るようにしましょう。

お泊り会では生活リズムも確認

お泊り会を開く場合も、食物アレルギーや持病の確認は必須です。嫌いなものがないかどうかも、事前に聞いておくとよいでしょう。

寝具はできれば天日干しにして、気持ちよく寝られるようにしておきます。

小学生以下の場合は、急病など何かあった場合に備えて、保護者の連絡先を聞いておきましょう。日ごろ飲んでいる薬があるかどうか確認しておくと安心です。

◆ 誕生会の準備リスト ◆

準備すること	準備する人
招待する人を決める	子ども・親
日時を決める	子ども・親
メニューを決める	子ども・親
ケーキを注文する	親
飲み物を購入する	親
食物アレルギーや持病の確認	親
飾りつけ	子ども・親
招待状の作成	子ども・親

◆ 小学校低学年以下のお泊り会の確認事項 ◆

【生活リズム】

何時に寝かせて、何時に起こせばよいか、普段の生活リズムを保護者に確認しておくとよいでしょう。

【危険なものをしまう】

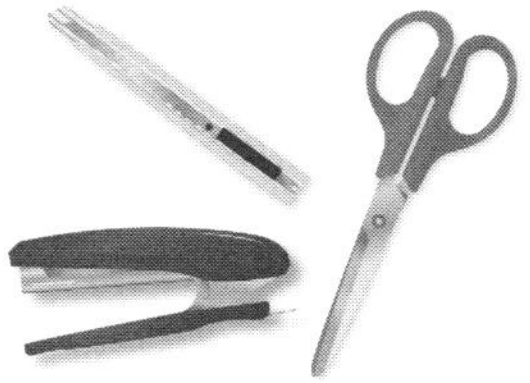

部屋に、ハサミやカッターなど、危険なものはないか確認し、ある場合は見えない場所に保管します。

まとめ

1. 招待するのは親の目が行き届く6人くらいまでにする
2. 食物アレルギーや持病がないか事前に確認しておく
3. お泊り会の場合、生活リズムについても聞いておく

おでかけ

子どものおでかけ（乗り物）

乗り物で赤ちゃんが大泣きしたら、いったん降りて気分転換を。絵本などで飽きさせない方法を探しましょう。

おもちゃや言葉遊びで気分を紛らわせる

乳幼児と一緒に電車やバスに乗るときの最大の悩みは、騒いだり、ぐずったりしてほかの乗客に迷惑をかけることです。

親がイライラして怒ると、余計におさまりがつかなくなってしまいます。お気に入りのおもちゃや絵本、クイズなどで気を紛らわしましょう。

座席で窓の外を見るときは、靴を脱がせるのがマナーです。

◆ 電車やバスでのマナー ◆

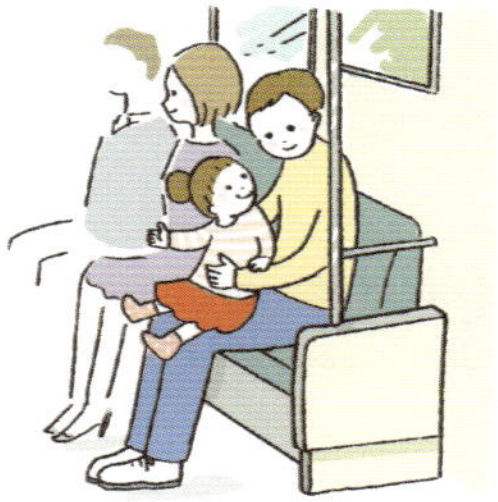

混んでいる車内では、親のひざの上に子どもをのせます。

大泣きして何をしても泣きやまないときは、いったん電車から降りましょう。空気が変わると子どもが泣きやむこともあります。

窓の外を見るときは靴を脱がせます。人が座る場所に土足は厳禁です。

混んだ電車やバスで抱っこするときは靴を脱がすか、シューズカバーをかぶせましょう。ほかの乗客の服を汚してしまう可能性があります。

◆ 電車やバスでの迷惑な行為 ◆

車内で大声で騒ぐと迷惑になることを教えましょう。3～5歳の子には、「みんなの迷惑になるから、アリさんの声で話そうね」などと言葉をかけるとよいでしょう。

電車のホームは危険なことを教えます。

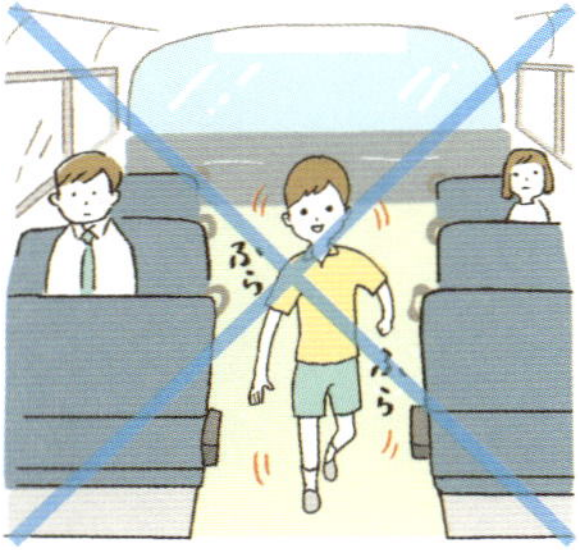

バスが動きだしたら立ち上がらないことを教えます。降りるときも、バスが停まってから動くように言い聞かせましょう。

バスの窓は開けることができる場合もあります。その場合、顔を出さないように教えましょう。

つり革にぶら下がって遊びたくなってしまうのが子ども。ほかの乗客の迷惑になることを教えます。

まとめ

1. 乳幼児が退屈しないようにおもちゃや絵本を持参
2. 年長や低学年の子には、騒いだり、動き回らないようにさとす
3. 窓の外を見たいというとき、抱っこするときは靴を脱がせる

おでかけ

ベビーカーとキャリーバッグの扱い方

混雑時はベビーカーをたたみます。車内ではキャリーバッグの車輪を固定し、通路の端に置きましょう。

子どもの安全を第一にする

電車やバスには、車イスとともにベビーカーを置くエリアが配置されるなど、理解が深まっています。しかし、邪魔だと感じる人も少なくありません。

混雑時の利用は避けたほうが無難です。場所をとってほかの人の迷惑になるだけでなく、子どもが危険だからです。もし、急停車したときに人が倒れ込んできた場合、防ぎきれません。比較的空いている時間帯を選んで利用するようにしましょう。

車内では、ほかの人の進路の妨げにならない場所にベビーカーを置き、車輪はかならず固定します。

キャリーバッグは後ろで転がさない

キャリーバッグやスーツケースは、できるだけ邪魔にならないように通路の端に置き、車輪を固定しましょう。

駅構内など混雑しているところでは、自分の真横で転がしましょう。後ろ側で転がすと、ほかの人がつまずいて転倒するおそれがあります。

◆ ベビーカーのマナー ◆

朝の通勤時間、夜の帰宅時間など、混雑する時間を避けて利用しましょう。

混雑している車両に乗るときは、ベビーカーをたたみましょう。

車輪は動かないように固定します。バスでは座席に固定するとより安全です。

大泣きしたら、ベビーカーから降ろして抱っこします。その際、靴を履いていたら脱がすか、シューズカバーをします。

ベビーカーでエスカレーターを使うのは禁止されています。ほかの人の迷惑になるのはもちろん、子どもにとっても危険です。

ベビーカーを人にぶつけてしまったら、かならず謝罪しましょう。

まとめ

1. ベビーカーはできるだけ空いている時間帯に利用する
2. 急停車しても動かないように車輪を固定する
3. ぶつけてしまったら、かならず謝る

おでかけ

鑑賞・劇場でのマナー

映画館では音の出る食べ物に注意し、美術館では作品を長時間独占しないようにします。

会場ごとのルールに従い鑑賞を心地よく楽しむ

映画や演劇、絵画、コンサートなどを鑑賞するときには、その会場ごとのルールに従いましょう。

とくに映画や演劇、コンサート会場では、私語をつつしみ、携帯電話やスマートフォンの電源を切るのがマナーです。

美術館や博物館では、ささやき程度の会話はOKですが、食べ物の持ち込みは厳禁です。

映画館のマナー

カメラやビデオの撮影は禁止されています。

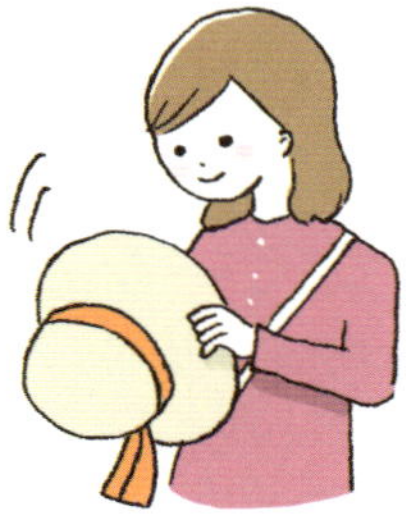

帽子は、後ろの人がいる場合、鑑賞の妨げになるので脱ぐのがマナーです。

音が出る食べ物は控えましょう。においがきついものも、周りの人に不快感を与えかねません。

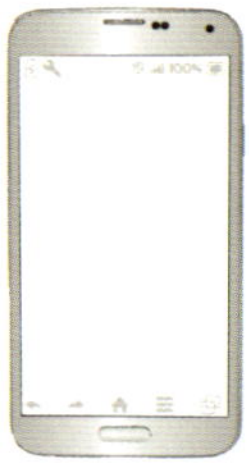

スマートフォンは電源を落としてバッグにしまいましょう。画面が光ってしまった場合、鑑賞の妨げになります。

◆ コンサート、演劇、美術鑑賞のマナー ◆

【コンサート会場・劇場】

コンサートの開演時間に間に合わず途中入場するときは、コンサートによって入るタイミングが決められているので係員の指示に従いましょう。

コンサートなどでソロがあった場合には、ソロの演奏後、拍手をします。

【美術館・博物館】

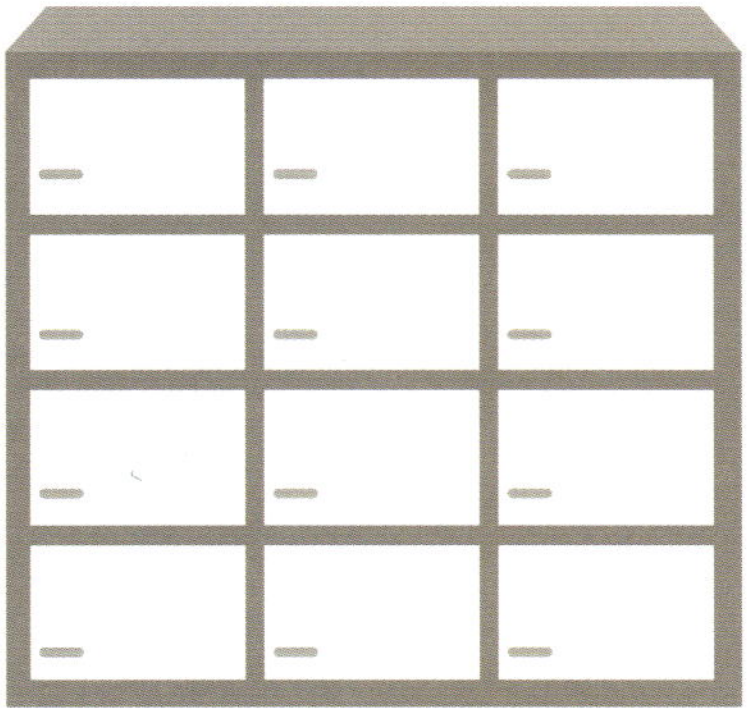

混雑している館内では、大きな荷物はロッカーに預けるのがマナーです。傘はかならず傘立てに置きます。

美術館や博物館で作品を鑑賞する際には、ひとつの作品をひとりで長時間独占しないように気をつけます。

まとめ

1. 鑑賞時は、その会場ごとのルールを守る
2. 映画・演劇・コンサートでは携帯の電源を切る
3. 美術館・博物館では大きな荷物はロッカーに預ける

おでかけ

旅館やホテルでのマナー

どうしてもチェックイン時間を過ぎてしまうときは、旅館やホテルに連絡しましょう。

宿泊施設の規約をまずチェックする

旅館やホテルでは、それぞれの施設によって決まりがあります。チェックインしたら、まず部屋や館内にある規約を読みましょう。

ホテルでは、館内をスリッパや浴衣で歩くことを禁止しているところがほとんどですが、温泉地にある旅館やホテルでは、館内の浴衣、スリッパはＯＫです。ホテルによっては、ドレスコードがある場合もあるので確認しておきましょう。

旅館では、各部屋を担当する仲居さんがいるところがあり、チップをどうするか迷うところ。

宿泊費の中にサービス料も含まれているので、基本的にチップを渡す必要はありません。ただし、小さな子どもや高齢者がいて、特別にお世話になるような場合には、心づけをするとよいでしょう。宿泊料金の１～２割程度が相場です。

温泉では、タオルを湯船に入れないようにして、座って体を洗い、隣の人にしずくがかからないように注意しましょう。

旅館もホテルも大声で騒ぐのはＮＧです。

◆旅館・ホテルでのふるまい◆

ホテルにはドレスコードがある場合がほとんどです。都市型の高級ホテルでは、ジャケット着用、サンダル禁止などです。リゾートホテルはカジュアルでOK。

チェックイン時間を過ぎてしまいそうなときは、旅館やホテルに連絡します。

温泉や大浴場から出るときは、浴室の出入り口で体をよく拭いてから脱衣所に戻るようにしましょう。

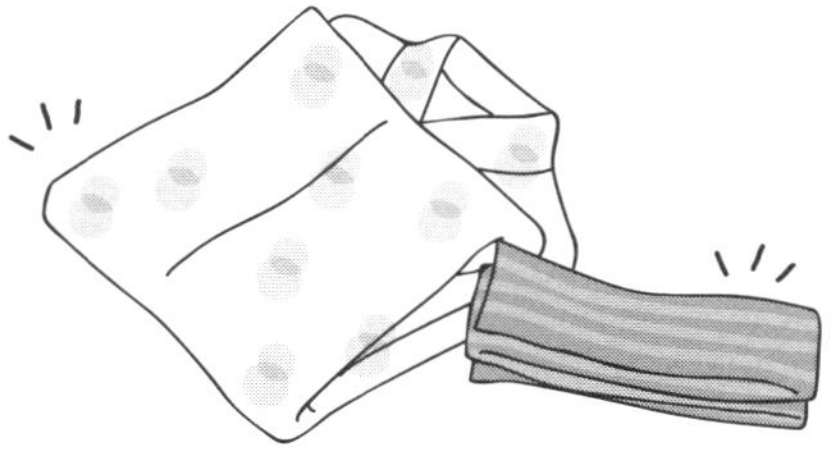

チェックアウトするときは、布団は整える程度でOK。浴衣も軽くたたみましょう。

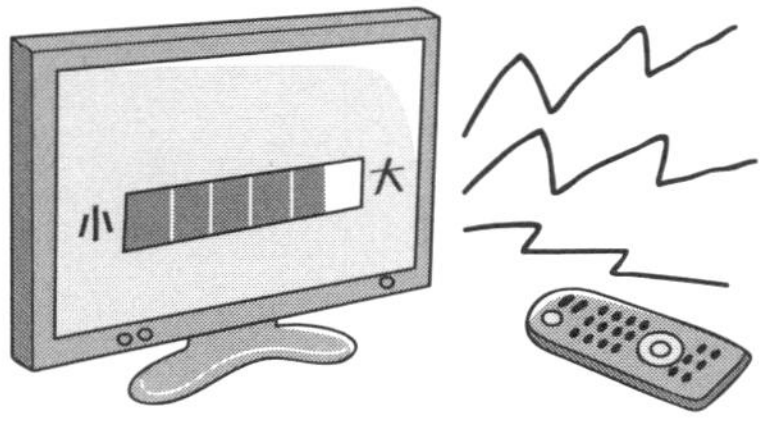

テレビの音量や足音がほかの宿泊客に不快感を与える場合があるので、配慮しましょう。

まとめ

1 ホテルのドレスコードを確認しておく
2 旅館のチップは特別に世話をかける場合以外は必要ない
3 大声で騒がない。テレビの音量に注意する

おでかけ

PTAのおつきあい・書類の作成

集合時間の遅くとも10分前に到着し、役員同士で噂話はしないようにします。

個人情報は厳重に管理する

ＰＴＡの会合では、学校の先生や保護者、子どもの噂話などはつつしみましょう。いじめにつながったり、先生を追い詰めたりするなど大きな事態に発展しかねません。

住所録など個人情報に関わる書類を作成したら、厳重に管理。不要なものはシュレッダーにかけたりデータを削除したりして処分しましょう。

PTA活動でのタブー

先生の評判を口にするのはやめましょう。とくに、悪い評判や本当のことなのかわからない人から聞いた話などを無責任にするのはNGです。

先生だけでなく、保護者や子どもの噂話をするのはもちろんやめましょう。

未公表の情報を流すと、周囲の混乱を招きます。勝手な判断で公表しないようにしましょう。また、個人情報を勝手に流用してはいけません。住所録などを管理する場合は、厳重に保管しましょう。

PTA活動でのふるまい

PTA会合では、集合時間の10分前には着くようにしましょう。

書類整理やバザーの値札付けなど、積極的に協力をしましょう。

学校の人事など、PTAの活動で知りえた情報はほかの人に流さないようにします。

賛同できなければ、反対するだけでなく、新しい提案をするようにしましょう。

まとめ

1. 先生や保護者、子どもの噂話はつつしむ
2. 学校やPTA関連の未公開情報は外部に流さない
3. 個人情報などは厳重に管理する

「子どもがよそのお宅の部屋を汚してしまいました」

まず親子でお詫びをして、「原状回復します」と誠意を示す

クレヨンで壁に絵を描いたり、おもちゃで床に傷をつけたり、飲み物をこぼしてカーペットを汚したり……。このようなときは、子どもと一緒に親もお詫びを述べ、弁償することを申し出ましょう。子どもだけの訪問時のできごとなら、改めて親子でお詫びに伺います。

相手から「おたがいさま」と言われても、すぐに引き下がらずに、クリーニング代や修理費の負担など、原状に戻すためにできることを申し出るのが礼儀です。

PART

8

手紙・ネット・電話

便箋・封筒の使い方

目上の人への通常の手紙は、縦罫入りのものを。改まった手紙は和封筒に入れましょう。

横罫入りの便箋はカジュアル向き

慶事や弔事をはじめ、改まった手紙を書く場合は、白無地の便箋を使いましょう。

横罫線の便箋、色や柄が入った便箋は、親しい友人に送るときに使います。

目上の人には縦の罫線が入った便箋で送りましょう。

封筒には、和封筒と洋封筒があり、改まった手紙は和封筒に入れます。

◆ 便箋の種類と用途 ◆

罫線の使い分け	罫線がない便箋・・・すべての用途に使用できる 縦罫線の便箋・・・目上の人に使用する 横罫線の便箋・・・親しい相手へ送るカジュアルな手紙、ビジネス文書
色柄の使い分け	白無地の便箋・・・すべての用途に使用できる 色柄が入った便箋・・・親しい相手へ送るカジュアルな手紙

◆ 封筒の大きさ ◆

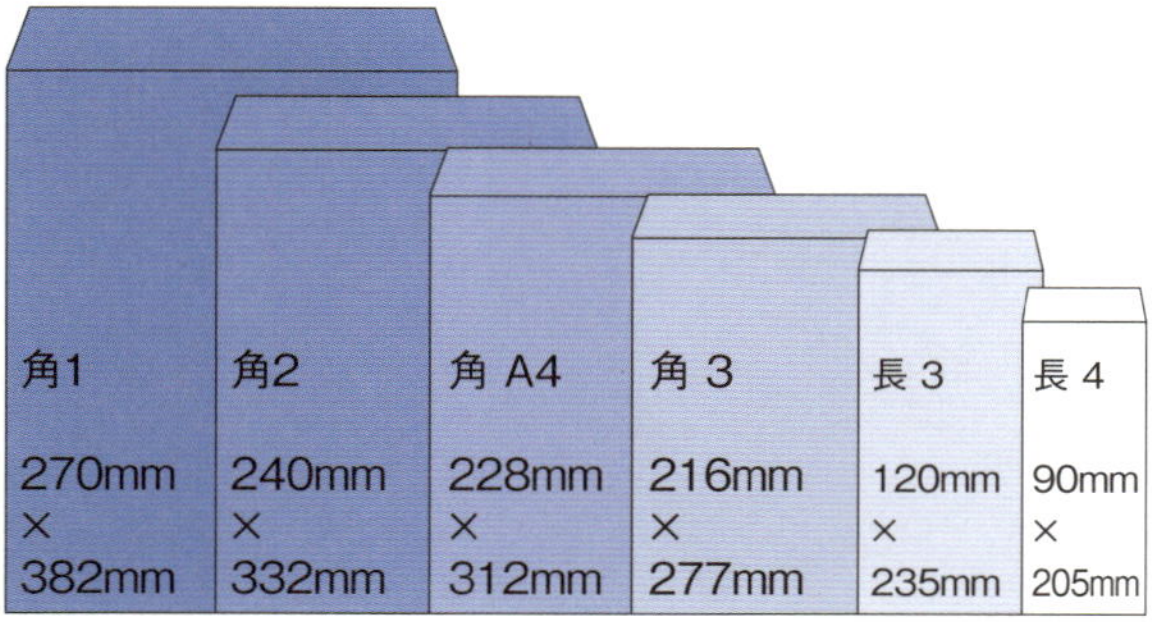

長4は通常の便箋やB5が三つ折りで入ります。長3はA4が三つ折りで入る大きさです。送料は長3と長4が定形料金となります。

便箋の折り方と封筒への入れ方

【洋封筒＋四つ折り】

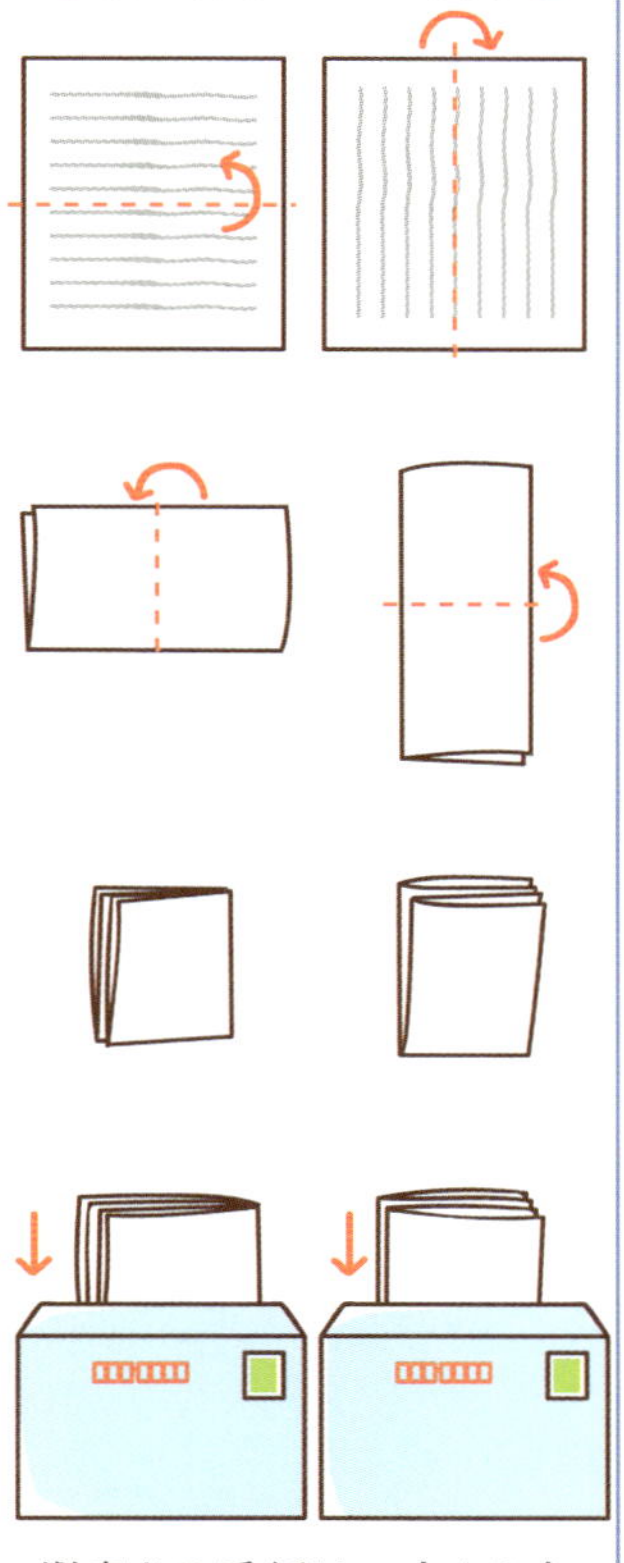

縦書きの手紙は、左から右へ縦に半分に折ります。横書きの手紙は下から上へ、半分に折ります。どちらの場合もさらに半分に折り、封筒を表にしたときに、手紙のじゃばら部分が上になるようにおさめます。

【和封筒＋四つ折り】

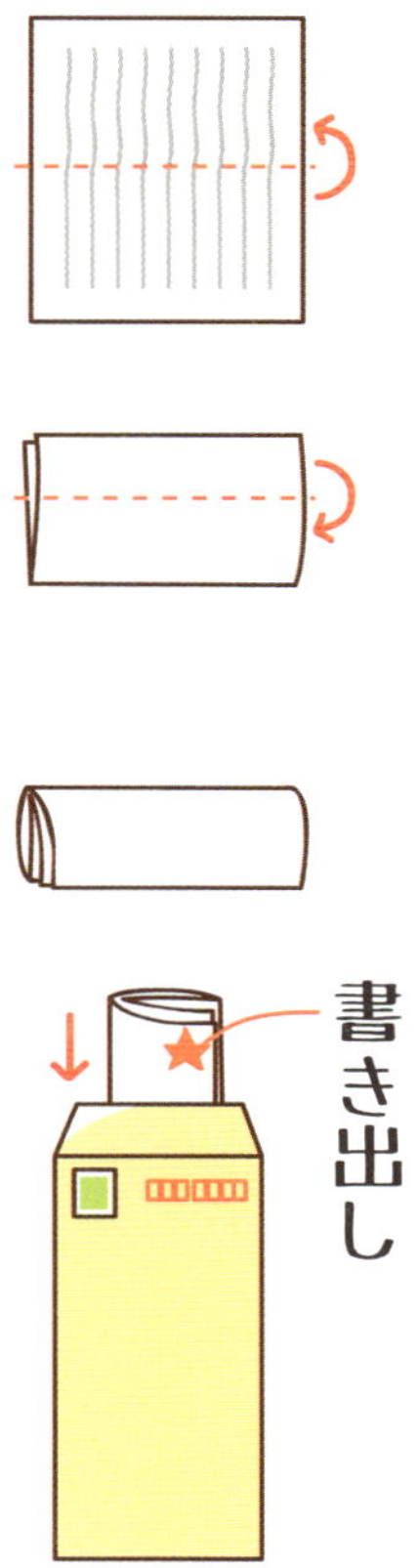

手紙を下から上へ、横に半分に折り、次に上から下へ半分に折ります。封筒を表にしたときに、手紙の書き出しが右上になるようにおさめます。

【和封筒＋三つ折り】

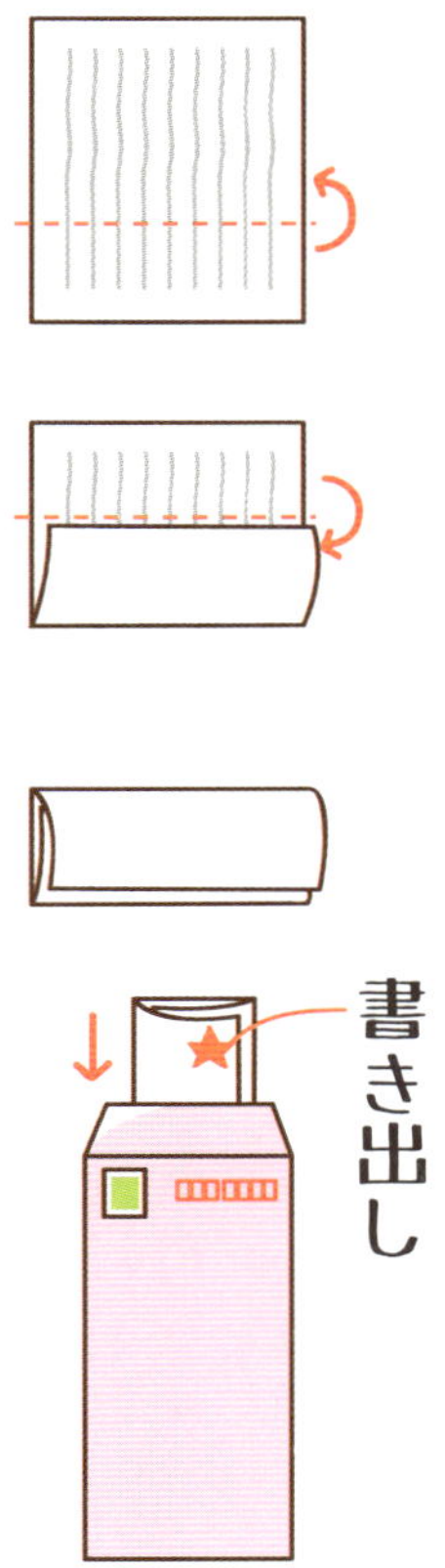

下、上の順に3つに折ります。封筒を表にしたときに、手紙の書き出しが右上になるようにおさめます。

まとめ

1. 慶弔や改まった正式な手紙には白無地の便箋を使う
2. 横書きや色柄のある便箋は親しい友人に送る
3. 目上の人へは縦罫線の便箋を使う

手紙の表現

頭語からはじめ、結語で終わります。前文は挨拶の慣用表現を使いましょう。

はじめに体調を気使い 最後に健康を祈る

友人や知人には、メールやSNSで連絡を取ることが多くなりました。

お祝い、お礼、お詫びなどを伝えたいときには、手紙のほうが丁寧です。

いざ、改まった手紙を書こうと便箋を前にすると、何から書きはじめてよいのか迷うことがしばしばあります。

手紙には、頭語と頭語に合った結語、時候の挨拶、挨拶の慣用句、と形式があります。

頭語とは「拝啓」「前略」「謹啓」などを指します。誰に、どんな手紙を書くのかによって、使う頭語は異なります。

頭語と対になっているのが「結語」です。頭語と結語がちぐはぐにならないように気をつけましょう。

頭語の次に、時候の挨拶を書きます。「新春の候」「新緑の候」など、使いやすい言葉を覚えておくと便利です。

そのあとには、「いかがお過ごしですか」など、相手の状況を尋ねる前文が続きます。

用件を書いたあと、末文は相手の健康を祈り「今後ともよろしくお願いします」などと、今後についてもお世話になりますと文章を書くとよいでしょう。

前文と末文の内容は重複しないようにしましょう。

◆ 頭語・結語のおもな組み合わせ ◆

手紙の種類	頭語	結語
一般的な手紙	拝啓、拝呈	敬具、拝具、敬白
丁寧な手紙	謹啓、粛啓	謹言、謹白
急ぎの手紙	急啓、急白	草々、不尽
前文省略の手紙	前略、略啓	草々、不乙
一般的な返信	拝復、復啓	敬具、拝具、敬白
丁寧な返信	謹答、拝答	貴酬、謹酬

◆ 時候の挨拶 ◆

1月の慣用表現	初春の候／新春の候／厳冬の候／厳寒の候／頌春の候
2月の慣用表現	立春の候／春寒の候／余寒の候／残雪の候／梅鶯の候
3月の慣用表現	早春の候／春分の候／浅春の候／軽暖の候／仰梅の候
4月の慣用表現	春暖の候／陽春の候／仲春の候／春和の候／桜花の候
5月の慣用表現	新緑の候／薫風の候／立夏の候／晩春の候／新茶の候
6月の慣用表現	向夏の候／入梅の候／梅雨の候／初夏の候／梅桃の候
7月の慣用表現	盛夏の候／酷暑の候／猛暑の候／炎暑の候／酷夏の候
8月の慣用表現	残暑の候／晩夏の候／立秋の候／晩暑の候／秋暑の候
9月の慣用表現	初秋の候／新秋の候／白露の候／新涼の候／名月の候
10月の慣用表現	仲秋の候／爽涼の候／紅葉の候／錦秋の候／朝寒の候
11月の慣用表現	晩秋の候／向寒の候／涼冷の候／初冬の候／落葉の候
12月の慣用表現	師走の候／寒冷の候／冬至の候／猛冬の候

【 前文 】

安否を尋ねる	お変わりございませんでしょうか。〇〇様にはご健勝のこととおよろこび申し上げます。
安否を伝える	おかげさまでこちらも元気に過ごしております。
感謝を伝える	いつもお世話になりまして厚くお礼申し上げます。 日ごろ格別のご厚情を賜り、心より感謝いたしております。
お詫びを伝える	久しくご無沙汰しておりましたが、何卒ご容赦ください。

【 末文 】

健康を祈る	寒さ（暑さ）厳しき折から、お元気でお過ごしください。 皆様のご健康をお祈り申し上げます。
伝言を頼む	末筆ながら皆様によろしくお伝えください。
今後を頼む	末永くお導きのほどお願い申し上げます。
返信を求める	恐れ入りますがご返事のほどよろしくお願い申し上げます。

まとめ

1. お祝い、お礼、お詫びなどは手紙で丁寧に伝える
2. 頭語と結語はセットで、時候の挨拶は使いやすい言葉を覚える
3. 前文と末文は重複しないように、内容を変える

送り状、お祝いの手紙の書き方

目上の人にはハガキを使わず、封筒と便箋で手紙を出します。忌み言葉にも気をつけましょう。

お祝いの手紙はともに祝福する気持ちを書く

結婚祝いや出産祝い、お礼の品物を百貨店や通販で直接相手に送る場合は、先に送り状でいつごろ届くかを知らせるのが心遣いです。相手のよろこびが薄れない時期までに送りましょう。書式にこだわらず、一緒に祝福する気持ちを表現するとよいでしょう。

また、お祝い以外のほかの用件を書かないようにしましょう。

◆ 送り状の文例とポイント ◆

拝啓

師走の候、鈴木様におかれましてはご健勝のこととお慶び申し上げます。

この一年、鈴木様には格別のご支援を賜り、深く感謝いたしております。

つきましては、心ばかりですが、別送にてお歳暮の品をお送りしました。1週間ぐらいで届きますので、ご笑納いただければ幸いです。

鈴木様の更なるご活躍を心よりお祈り申し上げます

敬具

どんな品物がいつ届くのかを伝えるようにしましょう。

※ここでは読みやすく横書きにしていますが、実際に書く際は縦書きにします。

お祝いの手紙の文例とポイント

一筆申し上げます

ご出産おめでとうございます。

母子ともにご健康とお聞きしまして安堵しております。

これからは育児が大変と思いますが、仲のよいおふたりですから、協力し合い、子育

ても楽しまれてください。

本日は心ばかりですが、お祝いの品をお贈りします。

お子様の健やかなご成長と、ご家族の皆様のご多幸をお祈りしております。

まずは、書中をもって出産のお祝いを申し上げます。

かしこ

お祝いに関すること以外は書かないようにします。

忌み言葉

【出産祝い】

失う、落ちる、消える、苦しむ、死ぬ、滅びる、流れる、早い、短い、破れる、四(=死)、九(=苦)

【全快祝い、長寿のお祝い】

痛む、傷む、失う、終わる、衰える、老いる、折れる、苦しむ、死ぬ、倒れる、果てる、途切れる、寝つく、病む、弱る、散る、萎える、四(=死)、九(=苦)

まとめ

1. 品物を送る場合、送り状でいつごろ届くのかを知らせる
2. お祝いの手紙は書式にこだわらず祝福の気持ちを素直に表現する
3. 出産祝いでは、お祝いとともに産後の体調についても触れる

お礼の手紙

お礼状は品物が届いたその日のうちに書き、早めに送りましょう。送付が遅れるときは電話をします。

よろこびの気持ちや感想を具体的に書く

お祝いやお悔やみ、お礼などの品物が届いたらすぐにお礼の手紙を書きましょう。贈った相手は、手紙や品物が無事に届いたかどうか気になっているからです。

遅くとも3日以内には、お礼の手紙を送るようにしましょう。それ以上遅れる場合には、先に電話をかけるかメールを送ってお礼を伝え、後日お礼の手紙を送るようにしましょう。

お礼の手紙には、「以前からほしいと思っていた……」「大好きな花柄の……」「家族全員の好物」など、品物を気に入ったことを具体的に表現しましょう。また、お礼以外の用件は書かないようにします。

入学祝いや誕生日祝いなど、子どもに届いたお祝いの品については、未就学児を除いて、原則、子どもがお礼の手紙を書きます。

文章を書くのが難しい未就学児の場合は、絵を描いてもよいでしょう。子どもから感謝の気持ちを伝えることが重要です。

◆ お礼の手紙の文例とポイント ◆

一筆申し上げます

このたびは悠香の入園祝いをいただき、どうもありがとうございました。

悠香は大喜びで、さっそく贈っていただいた通園バッグを

一日中離さずに背負い、クレヨンやおもちゃを入れたりしております。

悠香のうれしそうな様子を目にすると、こちらまで心が弾みます。

親子で、入園式の日が待ち遠しく楽しみにしております。

近いうちに、改めてお伺いしたいと思っております。

末筆ながら、お父様にもよろしくお伝えくださいませ。

まずはお礼まで。

かしこ

品物がどれだけうれしかったか、具体的な様子を交えて伝えるとよろこばれます。

まとめ

1. お礼の手紙は到着から3日以内に、できるだけ早く送る
2. 3日以上経ってから送る場合には、先に電話やメールでお礼を伝える
3. 入学祝いなど子どもに届いたものへのお礼状は、子どもが書く

お詫び、お見舞いの手紙の書き方

お詫びでは言い訳にならないように書きましょう。お見舞いでは忌み言葉に気をつけます。

返事を求めるような書き方はしない

お詫びの手紙は、事情を説明する必要がありますが、言い訳にならないように注意します。誠意を込めてお詫びの気持ちを書きましょう。

病気見舞いや災害見舞いは、病状や災害の様子には触れず、お見舞いの気持ちを手短に書きます。「追伸」などの忌み言葉や、返事を求める書き方をしないように気をつけましょう。

◆ お詫びの手紙の文例とポイント ◆

急啓　本日は息子の健太がお宅様の窓ガラスを破損してしまいまして、まことに申し訳ありませんでした。深くお詫び申し上げます。

健太の話によりますと、道路でキャッチボールをしていて、ボールが窓に当たってしまったとのことです。

平素より道路でキャッチボールをしてはいけないと、申しつけておりましたが、親としての指導が行き届かなかったことを反省しております。

破損してしまった窓ガラスは、もちろん弁償させていただきます。

改めて、息子とお詫びにお伺いする所存ですが、まずは書中にてお詫び申し上げます。

草々

言い訳にならないよう、謝罪の気持ちを伝えましょう。

◆お見舞いの手紙の文例とポイント◆

前略

ご病気と伺ってとても驚いております。

知らずにいたとはいえ、お見舞いにも伺わず大変失礼いたしました。その後お身体の

具合はいかがでしょうか。

お元気なあなたのことですからじきに回復されることと思いますが、どうぞご無理をなさい

ませんようにお願いします。

近いうちに改めてお見舞いに伺うつもりでおりますが、まずは書中にてお見舞いを申し

上げます。

草々

返事を求める言葉や、「重ね重ね」などの忌み言葉に気をつけましょう。

まとめ

1. お詫びの手紙は言い訳にならないように注意する
2. お見舞いでは、くわしい病状や災害の様子には触れない
3. 病気や災害見舞いでは、忌み言葉にあたる追伸を書かない

時候見舞い、年賀の欠礼

時候見舞いは相手の安否を気遣うものです。また、年賀の欠礼はハガキでかまいません。

相手のことが気になったら いつでも送れる時候見舞い

時候見舞いは、「**暑中見舞い**」や「**残暑見舞い**」「**寒中見舞い**」がよく知られているものです。季節の挨拶と相手の安否を気使う内容を書きましょう。

祖父母などには、夏や冬など決まったときではなく、相手の様子が気になったときに、手紙やハガキを送るとよろこばれます。子どもが絵などを描いて送ってもよいでしょう。

電話やメールと違って、手書きの手紙は心温まるものです。

年賀状の代わりに 寒中見舞いを出す

年賀の欠礼は、いつ誰が亡くなったのかを記して、新年の挨拶を失礼することを伝えるものです。

相手が年賀状を用意する前には年賀欠礼を届けたいもの。そのため、11月中に届くようにします。それ以降に不幸があった場合には、できるだけ早く準備して、送りましょう。

年賀欠礼が届いた場合は、できれば1月7日以降に、寒中見舞いを出すとよいでしょう。目上の人へは「**寒中御伺い**」としましょう。

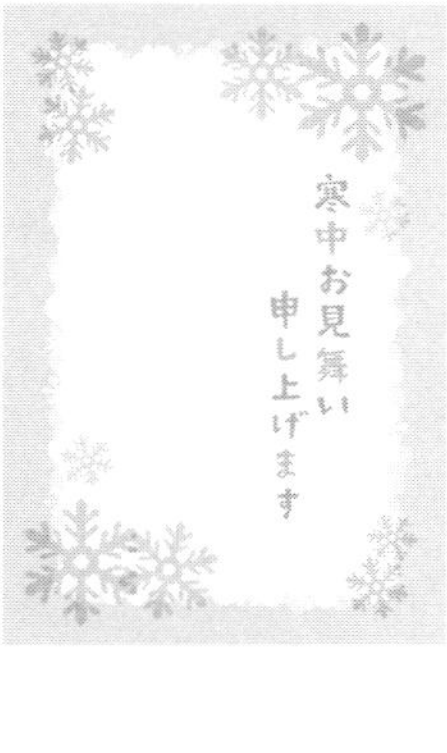

◆ 時候見舞いの季節の挨拶例 ◆

一筆申し上げます

桜の花は今を盛りと咲き誇っております。

お母様はいかがお過ごしでいらっしゃいますか。

娘はおかげさまでこの春より社会人となり、はりきって職場に通っております。

近いうちに、伺いたいと存じます。

花冷えのころは体調を崩しやすいものです。どうぞご自愛ください。

かしこ

こちらの状況を伝え、相手の様子を気使う内容を書きましょう。

◆ 年賀の欠礼の文例 ◆

今年○月に父　一郎が永眠いたしましたので

年始のご挨拶をご遠慮申し上げます

今年中賜りましたご厚情を深謝いたしますと共に

明年も変らぬご交誼のほどお願い申し上げます

向寒の折皆様のご健勝をお祈り申し上げます

□□（元号）○○年○○月

故人がいつ亡くなったのかを伝えます。句読点は使いません。

まとめ

1. 時候見舞いは季節の挨拶と様子を気遣う内容を書く
2. 夏、冬以外にも気になる相手には時候見舞いを出してよい
3. 年賀の欠礼は相手が年賀状を用意する前の11月中に送る

災害時の連絡マナー

災害用伝言ダイヤルなどを活用し、電話や携帯電話の使用を控えます。不確かな情報を伝えないように。

被災者の迷惑になる連絡の仕方はマナー違反

大地震や洪水、大雪などの大災害では、家族、親戚、友人の安否を一刻でも早く確かめたいものです。

ただし、固定電話や携帯電話は、アクセスが集中して、被災地の救助活動や緊急連絡の妨げになるので控えます。

安否確認には、「171」の災害用伝言ダイヤルなどを使うとよいでしょう。

◆ 災害用伝言ダイヤルの使い方 ◆

【メッセージを残す】

1. 171をダイヤル
2. 音声ガイダンスに従い1を選ぶ
3. 被災地の人は自宅の電話番号、または連絡を取りたい被災地域の人の電話番号をダイヤルする
4. 30秒間のメッセージを録音

【メッセージを聞く】

1. 171をダイヤル
2. 音声ガイダンスに従い2を選ぶ
3. 被災地の人は自宅の電話番号、または連絡を取りたい被災地域の人の電話番号をダイヤルする
4. 録音されたメッセージを聞く

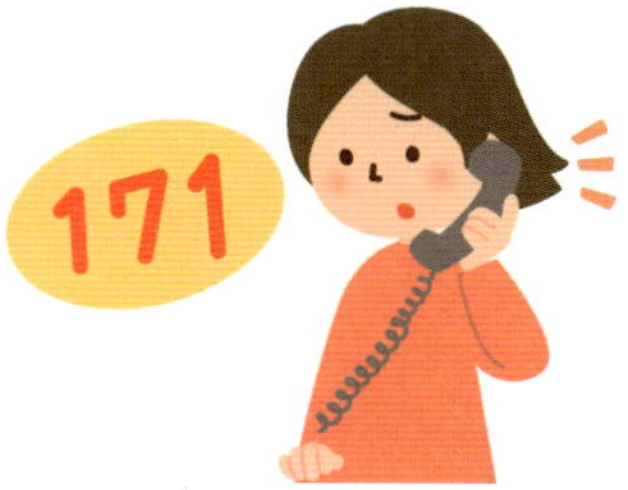

災害時の連絡の心得

停電していると充電ができないので、被災している相手の携帯には電話をしないようにしましょう。何度も電話をかければかけるほど、パンク状態の電話回線は回復しません。つながるまで何度も電話をしたりしないようにしましょう。

被災して救助を求めるときは場所と人数をしっかりと伝えます。住所がわからなければ、目印になるものを伝えましょう。

被災地にいる相手に「心配だからそっちからも連絡をして」というのは酷です。被災地はその日の生活だけで精いっぱい。安心したいからと、連絡を求めるのはやめましょう。

SNSで流れてきた不確かな情報を鵜呑みにして、被災地に連絡するのは混乱を招くだけなのでやめましょう。

まとめ

1. **災害時に電話、携帯電話の使用は控える**
2. **連絡の手段は災害用伝言ダイヤルなどを使うようにする**
3. **救助を求めるときは居場所をしっかり伝える**

メールのマナー

件名を入れて用件を明確にしましょう。手紙と同様に挨拶文を入れると丁寧です。

誰から何の用件か相手がわかるように送る

友人や知人とのSNSでのやりとりやショートメールに慣れてしまうと、学校や仕事関係、目上の人へのPCメールも同じように送ってしまい、失礼にあたることもあります。

PCメールでは、かならず件名を入れましょう。件名がないと、迷惑メールに振り分けられる可能性があるだけでなく、何よりも相手が何のメールが届いたのかわからず、不審に思ってしまいます。

メール欄には、まず宛名を入力します。PTA関係なら「○○部会長」などの部署や肩書きを、氏名の前に入力します。

用件の前には、挨拶文を入力し、末文には「よろしくお願いします」など、今後につながる文章を入力します。

最後に、差出人の氏名、住所、電話番号、メールアドレスなどの連絡先を入力するのがマナーです。

同時に複数の人に一斉送信する場合、CCでは送信したメールに全員のアドレスが明示されます。BCCなら、送信元のアドレスだけが提示されます。上手に使い分けましょう。

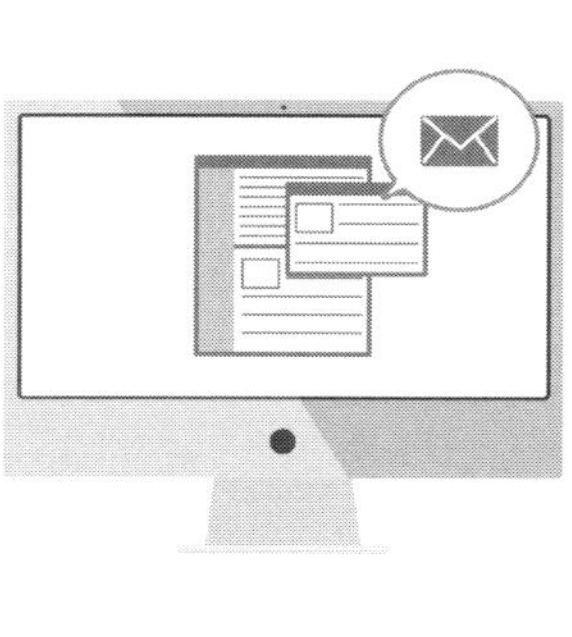

メールの文例

件名：文化祭バザー役員の件

PTA会長
山田里香子 様

いつもお世話になっております。
暑い日が続いておりますが、いかがお過ごしでしょうか。

先日の役員会で決定いたしました文化祭バザーの
役員表を作成いたしました。
このメールに添付いたしましたので、ご確認をお願いいたします。
お忙しいところ恐縮ですが、６月１３日までに
お返事をいただけますと幸いです。

何卒よろしくお願い申し上げます。

田中亜紀
abc@def.com
010-222-3333

最初に宛名を書き、最後に差出人の氏名と連絡先を書きましょう。

CCとBCCの使い分け

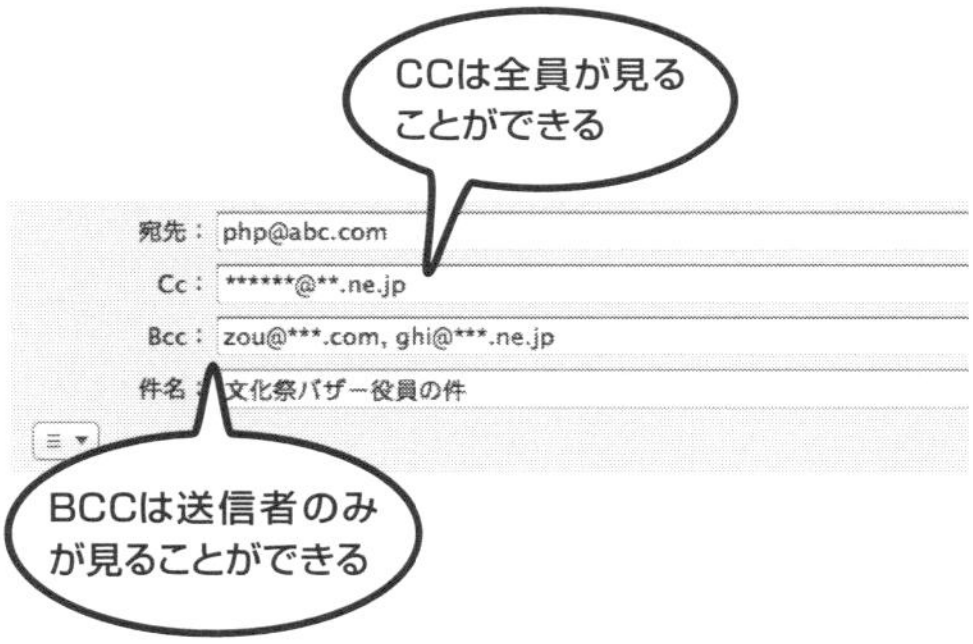

複数の人に同時に送信する際、CCのアドレスは、送信したすべての人が見ることができます。BCCのアドレスは、送信者のみが見ることができます。

まとめ

1. 件名を入力するのがマナー
2. 最後に差出人の連絡先を入力する
3. 一斉送信ではCCとBCCを活用する

SNSを楽しむためのマナー

個人が特定される情報は載せません。写真も個人情報のひとつとしてとらえるようにしましょう。

SNSは公共の場と認識し、ルールやマナーを守る

SNSをはじめると、同級生と再会できたり、同じ趣味の人とつながることができ、交遊関係が広がります。

一方、悪意を持った見知らぬ人からのアクセスや、自分の発言で思わぬトラブルを引き起こすこともあります。

SNSは公共の場と考え、個人情報や軽はずみな発言を載せないことが大切です。

◆ 相手のことを考えたSNSの使い方 ◆

住所や職場が特定される写真や文章などを安易に載せないようにしましょう。他人の写真を載せるときは許可をとりましょう。

学生時代の友人でも、友達申請やID交換するときには、あらかじめメッセージを送るのがマナーです。

LINEなどのメッセージのやりとりは、夜遅くなってからでは迷惑になることも。時間帯を考えて送りましょう。何度も返信しあっているうちに、やめどきを失ってしまい、相手もうんざりしているかも。「またね」「おやすみなさい」などと区切りをつけましょう。

SNSでトラブルになるケース

「○○さんとランチ」と料理の写真を載せただけなのに、誘わなかった友人が怒ってしまうこともあります。

「今日タレントの○○さんが○○駅の○○レストランにいたよ」と気楽な気持ちでSNSで発信したら、大勢から反感を買ってしまうことも。

他人のかげ口を親しい友人だけにつぶやいたつもりが、拡散されて顰蹙《ひんしゅく》を買うはめになることもあります。

一緒に旅行に行った友人や知人との写真を載せるときにも注意が必要。相手が、周りに旅行のことを伝えていない場合もあります。

まとめ

1. 住所や職場などの個人情報が特定される情報を載せない
2. 他人の動向や写真を掲載するときは許可を取る
3. メッセージの頻度はほどほどにして、深夜は避ける

〈監修者紹介〉

岩下宣子（いわした・のりこ）

マナーデザイナー。現代礼法研究所主宰。NPO法人マナー教育サポート協会理事長。企業をはじめ、学校、公共団体など、多方面にわたるマナーの指導に活躍。『お祝い・お悔やみ・特別な日のマナー』『「感じのいい人」がしている大人の気配り』（以上、PHP研究所）、『カラー版　これ一冊で完ぺき！　マナーのすべてがわかる便利手帳』（ナツメ社）など、著書・監修書多数。

〈Staff〉

編集構成・DTP	造事務所
イラスト	岡澤香寿美、ふじいふみか
本文デザイン	八月朔日英子
文	長瀬ひろみ
装丁	村田隆（bluestone）
装画	井上るりこ

参考文献

『これ一冊で安心　マナーのすべてがわかる便利手帳』岩下宣子・監修（ナツメ社）、『困ったときにすぐひけるマナー大事典』現代マナー・作法の会・編（西東社）、『［最新ビジュアル版］　冠婚葬祭お金とマナー大事典』主婦の友社・編（主婦の友社）

特別な日から日ごろのお付き合いまで

一生使える！ 大人のマナー大全

2017年9月25日　第1版第1刷発行

監修者　岩下宣子

発行者　安藤　卓

発行所　株式会社ＰＨＰ研究所

京都本部　〒601-8411 京都市南区西九条北ノ内町 11

教育出版部　☎ 075-681-8732（編集）

家庭教育普及部　☎ 075-681-8818（販売）

東京本部　〒135-8137 江東区豊洲 5-6-52

普及一部　☎ 03-3520-9630（販売）

PHP INTERFACE　http://www.php.co.jp/

印刷所
製本所　図書印刷株式会社

ISBN978-4-569-83852-6